Simpl-Italian

An informative and interactive workbook
to help you make Italian grammar easy

by

Alex Dunitz
and
Frances Hotimsky

Copyright © 2017 Alex Dunitz and Frances Hotimsky

The right of Alex Dunitz and Frances Hotimsky to be identified as the authors of this work has been asserted by them in accordance with Copyright, Designs and Patents Act 1988.

All rights reserved. This book or any portion thereof may not be reproduced or used in any manner whatsoever without the express written permission of the publisher except for the use of brief quotations in a book review or scholarly journal.

Printed in the United Kingdom.

First Printing, 2017

ISBN-13: 978-1541388246

ISBN-10: 1541388240

About the Authors

Alex Dunitz was born in Milan in 1976, where he was educated both in the British private and in the Italian state school systems. He moved to Britain in 1999.

Relying on his knowledge of both English and Italian, he completed a *Master's Degree in Public Service Interpreting* at *London Metropolitan University.* The course he took gave him the opportunity to widen, deepen and perfect his written and oral language skills. It also triggered and gave life to a keen interest in investigating, comparing and contrasting English and Italian — two so very different languages.

Since 2011 he has been delivering bilingual presentations on a variety of topics under the trade name of *Passione Italiana*.

Frances Hotimsky was born in Hammersmith in 1946 and brought up in a bilingual environment in Italy. In 1970, she started teaching EFL (English as a Foreign Language) after gaining a first-class honours degree in Modern Languages at *Università Bocconi.* She investigated English and Italian in a contrastive approach, both as a teacher and an author. She lived in Milan, and later moved to the UK in 2011.

Bilingualism is the keyword to all her work. It has given her the opportunity to understand why Italian learners encounter difficulties with English and, conversely, why English learners find Italian 'ever so different'. Phonology is her key interest and area of research.

Index (Indice)

Key	iii
Before Starting	iv
A Brief History of Italy up to 2016	1
Italy's Regions	2
The Italian Language	3
The Calendar	4
Other Festivities	5
Pronunciation	8
The Alphabet	10
Double Consonants	11
Tricky Syllables	12
Capital Letters	15
Gender and Number	16
The Plural	19
Definite Article	21
Indefinite article	22
Adjectives	25
Position of Adjectives	26
Verbs	29
Active and Passive	30
The Present Tense	31
To Be and to Have	34
Formal / Informal	37
Negatives	40
Asking Questions	41
Irregular Verbs	43
Bello, Quello and Buono	46
Molto and Tanto	47
Possessives	49
Cardinal Numbers	52
Ordinal Numbers	53
Telling the Time	55
Present Perfect Tense	58
Modal Verbs	61
Simple Prepositions	65
Articulated Prepositions	72
Partitives	74
Suffixes	77
Reflexive Pronouns	79
Direct Object Pronouns	82
Indirect Object Pronouns	85
Combined Pronouns	88
Pronouns Chart	91
Imperative	94

Imperfect Tense	99
Future Tense	103
To Like	106
Comparatives	111
Superlatives	113
Sounds in English and Italian	117
Answers	119

Key

Below is a list of the *abbreviations* and their meanings. You can refer back to this section any time you are in doubt.

n	noun
ms	masculine singular
fs	feminine singular
mp	masculine plural
fp	feminine plural
adv	adverb
adj	adjective
adj m/f/s/p	adjective masculine/feminine/singular/plural
form	formal
inform	informal

Verbs:
1st sing	first person singular
2nd sing	second person singular
3rd sing	third person singular
1st plur	first person plural
2nd plur	second person plural
3rd plur	third person plural

*****

Number (singular/plural) is a familiar notion to native speakers of English. Book – books; lady – ladies; child – children, to name but three examples, are not a surprising novelty. However, gender (masculine/feminine) for nouns and adjectives may be a stumbling-block. Why on earth should a **piatto** *(plate)* be masculine and a **tazza** *(cup)* feminine? Well - they are, and the difference is at times crucial, as it is in **tavolo** (masculine) *table* vs **tavola** (feminine) *table with food on it ready to be enjoyed.*

We want you to become familiar with the following table

ms	**-o**	**-a**	fs
mp	**-i**	**-e**	fp

This visual aid will help you to easily visualise the gender and number of the words you encounter. More on this on page 16.

Before Starting (Prima di cominciare)

This interactive grammar book will guide you through the basics of Italian and allow you to learn it at your own pace. It is structured in a user-friendly way, aimed specifically at English speakers, with frequent references to how differently English and Italian behave in the same context. You will soon notice by simply reading some examples that one cannot always find an exact correspondence between the two languages. By noticing and by becoming fully aware of this, you will understand the logic and the structures underpinning the language, learn to avoid literal translation and become free to express yourself at will sooner than you would expect.

*Learning Italian is really easy as far as pronunciation goes. Unlike English, Italian offers a match between spelling and pronunciation which is, with only a handful of exceptions, consistent. Besides, Italians will greatly appreciate any effort you make to speak **la bella lingua**. If at any time you feel frustrated, remember that each one of us once was a beginner. As the Italian proverb says, **sbagliando s'impara**, *by making mistakes, one learns*. At the very end of the book you will find a list of English and Italian words. These are accompanied by phonetic symbols, the very same used by most dictionaries. Do not worry about them. Concentrate on the English and Italian examples and notice which sounds are the same, similar or, occasionally, missing.

***Topics** have been selected and sequenced in an order suggested by on-field experience. Thus there are no bulky chapters headed, for instance, 'verbs', 'nouns' or 'adverbs'. Rather, topics have been chosen and presented in smaller, usually one- or two-page 'bites' and in an order based on a gradual approach to learners' (your!) basic needs. If you wish to tackle topics in a more personal order, the index will help you locate those you wish to investigate and learn about.

* After a brief overview of Italian **culture**, **history** and **geography** which you will find in the first part of this book, you will then be introduced to the language itself.

***Grammar topics** are explained simply and clearly, accompanied by learner-friendly examples. The English and Italian **examples** are in *italics* and **bold** respectively; this will further your ability to recognise patterns and links visually.

*As many **charts** as possible have been added so as to help you 'see' structures and build, as it were, 'logical bridges' between English and Italian. In addition, we have colour-coded noun and adjective endings to facilitate your memorizing process and increase your familiarity with gender and number.

* As this book is simply meant to be an overview of the Italian language, you will find but a few exceptions to the rules presented. You might want to learn more of them and more about them by carrying out a little research on your own. In so doing and by being bold enough to plunge into the language, you will stumble across more examples and wider explanations. For this reason, at the end of each chapter, we have added

blank tables for you to collect your very own **banks of information** and allow you to personalise your language-learning journey.

* A reliable English-Italian/Italian-English **dictionary** will come in handy and will assist you in taking more independent steps forward. This is an well-worth investment! Some may prefer to rely on their computers and Google. In this case, please remember to double check your source of information.

* **Exercises** are accompanied by an **answer key**. Keys are useful in two ways; on the one hand, they give you the opportunity to check if your answers are correct, on the other, when and if you do not know the answer, they offer you added information and help built up your knowledge.

* Finally, a word of warning: some **activities** you will find **more challenging** than others, mainly because their focus may not have been covered in detail in the explanatory sections. We have done this purposefully to whet your curiosity and encourage a little extra reading and research on your part.

The linguistic links between English and Italian are curious and fascinating but, as a language learner, you will have to come to terms with some **oddities** which are typical of some languages, Italian being one of them, such as the masculine and feminine genders, formal and informal registers, and complex and multiple verb endings. One big hurdle to clear when studying Italian is to be brave enough not to be tempted to translate literally, i.e. word for word. It would be crazy to think that *it's raining cats and dogs* can be equated with **piove gatti e cani**!

All that is left for us to do now is wish you **buona fortuna e buon lavoro!** You are ready to start and, to begin with, let's have a look at a brief account of Italy's history, geography, of its festivities and of the history of the Italian language.

A Brief History of Italy up to 2016 (Breve storia d'Italia fino al 2016)

According to legend, Rome was founded on 21st April 753 BC by **Romolo** and **Remo**. Romulus killed his brother and appointed himself the first king of Rome. There was a succession of seven kings until 509 BC, and then the Roman Republic was formed. By the first century BC, Rome was in crisis. The Republic dissolved into a series of dictatorships and ended with the assassination of **Giulio Cesare**.

In 29 BC, Julius Caesar's nephew seized power and appointed himself Emperor Augustus. The Roman Empire was born. For the next 200 years Rome thrived. This time of peace ended in 180 AD with the death of Marcus Aurelius, and the gradual decline of Rome began. By the end of the fourth century AD, the Roman Empire split into two. The East, with the capital Constantinople, thrived, eventually becoming the Byzantine Empire. Rome, capital of the West, continued to decline, and fell in 410 AD. For the next thousand years, Italy was a patchwork of city-states.

In the 14th century, cities such as **Firenze**, **Milano**, **Pisa**, **Genova**, and **Venezia** became centres of trade and culture. Figures such as **Leonardo**, **Michelangelo**, **Dante**, **Machiavelli**, and **Galileo**, revolutionized the fields of art, literature, politics, and science. Italian explorers, such as **Marco Polo** and **Cristoforo Colombo**, introduced Italy to the rest of the world.

Italy remained a centre of power until the 16th century. From the 17th century onwards it was vulnerable to conquest on the part of Spain, France and Austria. **Giuseppe Garibaldi** led a popular movement which ended in 1870 with the complete unification of Italy.

In 1919, **Benito Mussolini** set about restoring Italy as a great power. In 1922, he led a march on Rome and became supreme ruler of Italy. He spent the next twenty years building up the Italian economy. Calling himself **Il Duce**, *the leader*, in the 1930s he invaded Ethiopia and Albania. When the Second World War broke out, Italy asked Germany for help. Before long, **Mussolini** saw himself losing his power. Abandoned by Hitler, he fled Rome and was then executed by Italian partisans.

After the Second World War, a referendum held on 2nd and 3rd June 1946 abolished the monarchy and **la repubblica italiana** was born. Fascism was outlawed and with support from the US Italy rebuilt its economy.

In the 1950s and 1960s the country enjoyed economic growth. However, Italy faced great political instability in the 1970s and 1980s. These are known as **Anni di Piombo** (*Years of Lead*) with reference to the firearms used by both common and politically-motivated criminals. In the 1990s the pervasive curruption in the Italian political system was known as **Tangentopoli** (*Bribesville*). **Berlusconi** first appeared on the political scene in 1994. He was finally forced to resign as **Presidente del Consiglio dei Ministri** (*Prime Minister*) in November 2011. The Prime Minister to date is **Matteo Renzi.**

Italy's Regions (Le regioni italiane)

Italy is divided into 20 regions, corresponding to ancient political divisions. Some regional boundaries, such as those of Tuscany and Campania, date back to pre-Roman times. Sicily and Sardinia are islands and therefore their boundaries are natural (**il mar Mediterraneo**).

Each region has its own capital city (**il capoluogo**). Some of the better-known towns include **Napoli**, capital of **Campania**; **Roma**, capital of **Lazio** (and Italy!); **Milano**, capital of **Lombardia**; **Palermo**, capital of **Sicilia**; **Genova**, capital of **Liguria**; **Bologna** capital of **Emilia-Romagna**, **Venezia** capital of **Veneto**, and **Firenze**, capital of **Toscana**.

Italy is a relatively young country, as it was actually created between 1860 and 1870. The official date of the unification is 17th March 1861. Before that date, it was a collection of separate city-states which had different traditions, languages and dialects, and were often in conflict with one another (see page 1).

Italians take great pride in the region of their birth and are more likely to say **sono veneziano** (*I'm Venetian*), or **sono napoletano** (*I'm Neapolitan*) than they are to say **sono italiano** (*I'm Italian*). This regional pride is known as **il campanilismo**, taken from the word **campanile**, *bell tower*, an enduring symbol of devotion to and love of one's region, city, town, village or even **il quartiere** (*quarter*, small district of a town).

San Marino, the tiny state near **Rimini** on the Adriatic coast, is a surviving Italian city-state. It is said to have been founded in around 350 AD, when Europe was made up of small political units. Even though it is completely surrounded by Italy, San Marino survives as a state to this day and proudly asserts its independence whenever possible.

Another state within Italy's mainland is the *Vatican City State* (**Città del Vaticano**), the official seat of the *Pope*, **il Papa** (not to be confused with **papà**, *dad*). This sovereign state situated within the city of Rome is the last survivor of the powerful Papal States. After the unification of Italy, the power of the Pope was confined to the Vatican and nearby palaces. Its autonomy as a state was only finally established in 1929.

There are many islands around the coast of Italy - the best known are **la Sicilia**, **la Sardegna**, **Capri**, **Ischia** and **l'Elba**. Sicily and Sardinia also have many smaller islands surrounding them, some of which are actually nearer Tunisia than they are to Italy. **Caprera**, the tiny island off Sardinia, was home to **Garibaldi**, the hero of Italian unification.

The Italian Language (La lingua italiana)

Italian has only been the official language of Italy since the country was unified in the 1860s. Italian is a Romance language and derives from Vulgar Latin, the ancient colloquial language of the Roman Empire. Italian is very close to its Latin roots.

Standard Italian, as spoken today, originates from the Tuscan dialect. Thanks to the high profile of its writers, such as **Dante** and **Petrarca**, the Tuscan dialect grew to be the national tongue. For this reason many Tuscans today state that theirs is the purest variety of spoken Italian.

There are several different regional dialects, or **i dialetti**, which are spoken today mostly in the provinces and at home. Some Italians still struggle to understand the accents and dialects from different areas of the country. Around 62 million people speak Italian. Over 50 million are resident in Italy, while other speakers can be found in countries as far away as Argentina, Australia, and Eritrea. Italian is one of the four official languages of Switzerland, spoken mainly in the canton of **Ticino**.

The history of the Italian language is quite complex. The modern standard of the language was largely shaped by relatively recent events. The earliest surviving texts which can definitely be called Italian are legal documents from the region of **Benevento** dating back to 960-963. During the 14th century the Tuscan dialect became predominant because of the central position of Tuscany in Italy and the successful business and trade of its most important city, **Firenze**. Florentine culture produced the three literary artists who best summarized Italian thought and feeling of the late Middle Ages and early Renaissance: **Petrarca**, **Boccaccio** and **Dante Alighieri**. **Dante** mixed southern Italian languages, especially Sicilian, with his native Tuscan in his epic, allegorical and autobiographical poem known as **La Commedia**, to which **Giovanni Boccaccio** later added the title **Divina**.

The first edition of an official Italian **vocabolario**, published in 1612 by the **Accademia della Crusca**, was built on the basis of the following Florentine works: "**Divina Commedia**" by **Dante**, "**Decameron**" by **Boccaccio** and "**Canzoniere**" by **Francesco Petrarca**. However, it was not until the 19th century that the language spoken by educated Tuscans spread and became the language of a new nation.

The unification of Italy in 1861 had a profound impact on the political scene and also resulted in a significant social, economic and cultural transformation. With mandatory schooling, in fact, the literacy rate increased, and many speakers abandoned their native dialect in favour of the national language. Interestingly, at the time of its unification, only 2.5% of Italians spoke their national language.

Italian today has many borrowed words from other languages (*jeep, weekend, mouse*) and many slang words such as **siga** (*cigarette*), **sciallo** (*relax*), **figo** (cool, awesome).

The Calendar (Il calendario)

After looking at history and language, we will now explore some today's traditions and national holidays. Some, as you will notice, are unique to Italy and don't have an English equivalent.

Data	Date	Festa	Festivity
1 gennaio	*1st January*	**Capodanno**	*New Year's Day*
6 gennaio	*6th January*	**Epifania (Giorno della Befana)**	*Feast of the Epiphany*
14 febbraio	*14th February*	**San Valentino**	*St. Valentine's*
8 marzo	*8th March*	**Festa della Donna**	*International Women's Day*
17 marzo (1861)	*17th March*	**Unità d'Italia**	
19 marzo	*19th March*	**Festa del Papà**	*Father's Day*
4 giorni prima della Quaresima	*4 days before Lent*	**Carnevale**	*Carnival*
6 settimane prima di Pasqua	*6 weeks before Easter*	**Quaresima**	*Lent*
data variabile	*variable date*	**Pasqua**	*Easter*
25 aprile	*25th April*	**Festa della Liberazione**	*Liberation Day*
1 maggio	*1st May*	**Festa del Lavoro**	*International Workers' Day*
seconda domenica di maggio	*2nd Sunday in May*	**Festa della Mamma**	*Mother's Day*
2 giugno	*2nd June*	**Festa della Repubblica**	
***15 agosto**	*15th August*	**Ferragosto**	
1 novembre	*1st November*	**Festa di Ognissanti**	*Halloween (All Saints' Day)*
2 novembre	*2nd November*	**Giorno dei Defunti**	*All Souls' Day*
8 dicembre	*8th December*	**L'immacolata Concezione**	*Immaculate Conception*
24 dicembre	*24th December*	**La Vigilia**	*Christmas Eve*
25 dicembre	*25th December*	**Natale**	*Christmas Day*
26 dicembre	*26th December*	**Santo Stefano**	*Boxing Day*
31 dicembre	*31st December*	**Festa di San Silvestro**	*New Year's Eve*

*The name of this Italian holiday derives from its original Latin name, Feriae Augusti (*Festivals* [Holidays] *of Emperor Augustus*).

Other Festivities (Altre festività)

Italians love celebrations. Many festivities are similar all around the world, but many others are unknown to the English-speaking world.

Italy has two patron saints, **San Francesco d'Assisi** and **Santa Chiara.** Towns and villages also have a *patron saint*, **il santo patrono**, who protects them and their inhabitants. Each saint is celebrated on a particular day named after them (3rd November is **Santa Silvia**, 13th December is **Santa Lucia**). One of the main occasions for individual celebration in the year is **l'onomastico**, *name day,* on which children usually receive small gifts, just as they do for their birthday.

Other major family gatherings include **i matrimoni**, *weddings*, traditionally opulent parties. A typical wedding can last all day, with meals sometimes consisting of seven or eight courses.

Il Natale, *Christmas* , is a huge focus of attention in Italy. Traditions vary from region to region. For example many Italians believe that gifts are brought not by **Babbo Natale**, *Father Christmas*, but by **Gesù Bambino**, *Baby Jesus*, or by **la Befana**. She is the *Good Witch* who decided not to follow the three Wise Men in their quest for the crib, but then, filled with remorse, decided to fly from home to home bearing gifts in search of Baby Jesus. She also brings coal to naughty children.

Food plays a central part in a true Italian December festivities. Traditional meals eaten at Christmas and the New Year include **lo zampone**, a pig's trotter filled with spiced minced pork, and **il cotechino**, a sausage made from a pig's intestines filled with a similar stuffing. The Christmas meal will be rounded off with Italy's traditional Christmas 'pudding'. This sweet bread made of candied fruit, sultanas and butter allegedly gets its name from the humble baker called **Antonio** who came from Milan. **Il pan del Toni**, *Toni's bread*, later simply became known as **il panettone**.

The Easter period is **La Pasqua**, a mix of sombre processions and vibrant street parties, which vary in pace and flavour from region to region. At the more vibrant end of the scale are the **carnevali**, *carnivals*, pre-Lent blowouts mixing pagan ritual with religious symbolism. One of the most famous carnivals occurs every year in Venice, when people party in the streets wearing colourful masks and costumes.

Il pesce d'Aprile, literally *April Fish*, is the prank you play on someone on April Fools' Day. The best tricks are reported in the media, and there is even a recipe for **ravioli al pesce d'aprile**, *April Fool's ravioli*. It suggests you add **peperoncino**, *chilli*, in the plate of an unsuspecting guest!

All Saint's Day, **la Festa d'Ognissanti**, falls on November 1st . This is the day when all saints are remembered. Italians mark this day and the next, **il Giorno dei Defunti**, *All Souls' Day*, by visiting the graves of their loved ones and attending church services.

Esercizio

Answer the following questions

1) Which animal's milk is **Mozzarella** cheese traditionally made from?
2) What do you do with **Bagna Cauda** – eat it, drink it, or sit in it?
3) The **Pizza Margherita** has a topping made of which three ingredients?
4) What is **caffè valdostano**, served in a traditional carved wooden bowl or **grolla**?
5) What is a **caffè macchiato?**
6) Which was the capital city of Italy before **Roma**?
7) Which Roman **Imperatore** gave his name to the month of July?
8) In which Italian city can you find the painting of **L'Ultima Cena**?
9) In which city would you find the famous '**Romeo e Giulietta**' balcony?
10) In which city would you find the famous Opera House '**La Scala**'?
11) Which is the home town of the football team **Juventus**?
12) In which town is the '**Palio**' horse racing tournament held?
13) In which town can you watch the '**San Marino Grand Prix**'?
14) From which opera by Puccini does the aria '**Nessun Dorma**' come from?
15) In which city would you find Michelangelo's **David**?
16) Where are **il Ponte dei Sospiri** and **Piazza San Marco**?
17) Which Italian artist painted **Medusa**, **Bacco** and **Il Martirio di San Matteo**?
18) Where does **Panettone** come from?
19) Which city does '**pesto**' come from?
20) What are **Garda**, **Como** and **Maggiore**?
21) What is the title of the **Inno Nazionale**?
22) What town is **Caput Mundi**?
23) Who was **Marco Pantani**?
24) What do the three colours of **la bandiera italiana** mean?
25) Where is **il Vesuvio**?

Bank of information
Notes on Italy

Pronunciation (La pronuncia)

After a brief overview of the history, geography and traditions of Italy, let us now tackle the language. There are few things you need to remember when speaking Italian. As a general rule, "what you see is what you get". The same letter is typically always pronounced in the same way. Vowels (a, e, i, o, u) are always pronounced in a clear-cut manner - try not to round them. Consonants are pronounced as in English, except for some critical clusters (see page 12).

Stress is the emphasis you put on a syllable as you speak it. Although there is no strict rule, in most Italian words stress falls on the penultimate syllable:
casa, pasta, bimbo, vino, amico, parlare, signorina, telefonare

Attenzione! A few words have a different meaning when a different syllable is stressed, as shown in the table:

ancora	*anchor*	(noun, feminine singular)
ancora	*again, more*	(adverb)
legami	*tie me up*	(verb)
legami	*ties, links*	(noun, masculine plural)
lavati	*wash yourself*	(verb)
lavati	*washed*	(adjective, masculine plural)

There are many words in Italian (nouns, verb forms, adverbs, etc.) which have a stress mark on the last syllable and it is this last syllable which must be given prominence:

perché	*why, because*
perciò	*therefore*
più	*more, plus*
verrà	*s/he will come*
così	*like this/that*

Some words are look-alikes and it is the stress mark which tells us there is a difference and helps us pronounce them correctly:

sarà	*he, she, it will be*		***Sara***	*Sarah* (proper name)
però	*but, however*		***pero***	*pear tree*
farò	*I will do*		***faro***	*lighthouse*
papà	*dad*		***Papa***	*Pope*

Attenzione! This also happens with a few monosyllabic words:

dà	*he, she, it gives*		da	*from*
né	*nor*		ne	*of it, of them*
è	*he, she, it is*		e	*and*
sé	*himself, herself, itself*		se	*if*
là	*there*		la	*the, it, her*
sì	*yes*		si	*one-him-her-it/self; themselves*

PS : A chapter on sounds in English and Italian is to be found at the end of this workbook. Readers will find it useful when they wish to check meaning and/or pronunciation. The phonetic symbols listed are those of the International Phonetic Alphabet and those most commonly used by dictionaries.

Bank of information
Different stress – Different meaning

Italian	English
pr<u>i</u>ncipi	*princes*
princ<u>i</u>pi	*principles*

The Alphabet (L'alfabeto)

The Italian alphabet is made up of 21 letters, five fewer than the English one. As Italian borrows many foreign words, it also uses five English letters. They have been highlighted in the chart below.

Italian is a phonetic language, that is to say, sound matches spelling. Spelling is not misleading; it actually guides you towards the correct pronunciation. English is characterized by a sound/ spelling mismatch. Consider, for instance, how differently <ough> is pronounced in the following words: *though, through, borough, trough, bought, tough, plough, lough and hiccoughs*. This, in Italian, would never happen.

The following chart features consonants and vowels, how you pronounce them in isolation and the so-called 'spelling alphabet', i.e.'telephone alphabet' or 'phonetic alphabet' (Italian towns mostly). Have a go at reading them out. Remember that **i** is pronounced as in the word **Italia**, and the **e** is pronounced as the word **elefante**.

Lettere	Pronuncia	Alfabeto telefonico
a	a	A come Ancona
b	bi	B come Bologna (o Bari o Brescia)
c	ci	C come Catania (o Como)
d	di	D come Domodossola
e	e	E come Empoli
f	effe	F come Firenze
g	gi	G come Genova
h	acca	H come Hotel
i	i	I come Imola
j	i lunga	J come Jolly
k	cappa	K come Kennedy
l	elle	L come Livorno
m	emme	M come Milano
n	enne	N come Napoli
o	o	O come Otranto
p	pi	P come Palermo (o Padova o Pisa)
q	cu	Q come Quaderno
r	erre	R come Roma
s	esse	S come Savona (o Sassari o Siena)
t	ti	T come Torino (o Taranto)
u	u	U come Udine
v	vi	V come Venezia (o Verona)
w	doppia vu	W come Washington
x	ics	X come Xilofono
y	ipsilon (i greca)	Y come Yogurt
z	zeta	Z come Zara

Double Consonants (Consonanti doppie)

Italian consonants except **h** can be doubled. Double consonants are pronounced with more force and length than single consonants. Try with the following:

babbo	daddy
mamma	mum
fetta	slice
evviva	hurrah
bistecca	beefsteak
mamma	mum
bello	beautiful
filetto	fillet
basso	short, low
ragazzo	boy
pennello	paint brush
espresso	espresso (coffee, letter, train)
spaghetti	spaghetti

It is very important to pronounce double consonants correctly, as you could be misunderstood. The following nouns, for instance, have very different meanings when they are spelled with a single or a double consonant:

casa	house	cassa	till/register
ano	anus	anno	year
papa	pope	pappa	baby/dog/cat food
pena	sorrow	penna	pen
sera	evening	serra	greenhouse
cane	dog	canne	canes
nono	ninth	nonno	grandfather
fato	destiny	fatto	made, fact
caro	dear	carro	carriage
seno	bosom	senno	sense/wisdom

Esercizio
Choose the correct word
1) I ragazzi giocano a _____. (pala - palla)
2) Ho messo i soldi nella _____. (casa - cassa)
3) Non ho conosciuto mio _____. (nono - nonno)
4) Vado a scuola in _____. (moto - motto)
5) Ho una _____ rossa. (penna - pena)
6) La _____ non esco mai. (serra - sera)
7) Il bambino ha pianto _____ la notte. (tuta - tutta)
8) Ho comprato una _____ per te. (rosa - rossa)
9) _____ la corda al palo. (lego - leggo)
10) Mi piace fischiare quando _____. (camino - cammino)

Tricky Syllables (Sillabe difficili)

There are very some 'critical clusters' made of vowels and consonants that you have to master. The rest of Italian pronunciation is very straightforward. Although you will find English words to help you pronounce these groups of letters, try your best not to rely on English when reading and speaking Italian. Think of the familiar words listed below and remember how to pronounce them.

ce, ci cia, cie, cio, ciu cea, cei, ceo, ceu	**cena** **ciao** **liceo**	*child*
ca, co, cu che, chi	**casa** **chianti**	*can*
ge, gi gia, gie, gio, giu gea, gei, geo, geu	**Genova** **Giuseppe** **geologo**	*gin*
ga, go, gu ghe, ghi	**Lago di Garda** **spaghetti**	*good*
gli* glia, glie, glio, gliu	**gigli** **tagliatelle** **figlio**	*million*
gna, gne, gno, gni, gnu	**bagno** **Spagna**	*canyon*
sce, sci scia, scie, scio, sciu	**pesce** **sciarpa**	*ship*
sche, schi sca, sco, scu	**bruschetta** **Ischia** **pesca**	*skate*

* Some exceptions are: **negligente, glicine,** and **glicerina:** <gli> is pronounced as the word 'glee'

Esercizio

Find the English translation of the following words and decide whether the adjectives and nouns are masculine or feminine, singular or plural.

Attenzione! Don't let spelling mislead you! These words are spelled in the same way in English, but their pronunciation and meaning are different!

Vocaboli	Genere e Numero	Traduzione
ago	ms	needle
ape		
bare		
base		
bimbo		
camera		
cane		
case		
cassette		
cave		
code		
comma		
complete		
concrete		
confine		
creature		
culture		
dare		
data		
due		
estate		
grate		
grave		
guide		
insane		
mare		
mobile		
more		
nave		
note		
nubile		
olive		
pace		
rose		
salute		
scale		
scene		
simile		

Banks of information
Double and single consonants

Italian	English
coma **comma**	*coma* *subsection*

Tricky syllables

Italian	English
cielo	*sky*
schiena	*back*

Capital Letters (Lettere maiuscole)

As you may have noticed from the titles of our chapters, Italian and English use capital letters differently. This is not important when speaking, but you might want to be aware of these differences when writing.

- Formal personal pronouns and possessives

These are typically capitalized as a mark of respect.

E Lei come sta, signora Martinelli?	And how are you, Mrs. Martinelli?
Questa borsa è Sua?	Is this bag yours?

- Nationality and provenance

Nouns and adjectives referring to the people of a nation, a city, a region, etc. are spelled with a lower case letter.

gli uomini russi	Russian men
i londinesi	Londoners

- Languages

Likewise, languages never require capital letters.

l'inglese	English (language)
lo spagnolo	Spanish (language)

- Days of the week, months, seasons are lower case.

lunedì	Monday
dicembre	December
l'estate	Summer

- Addresses

Names of streets, squares, etc. require a capital letter, while their suffixes (**via**, **viale**, **piazza**, **corso**, etc.) may be spelled either with a capital or with a lower case letter. Prepositions used in the address require a lower case letter.

via Torquato Tasso or **Via Torquato Tasso**

- Formal titles

Formal titles are not typically spelled with a capital letter.

sig. / signor Mario Rossi (m)	Mr. Rossi
sig.ra / signora Maria Verdi (f)	Mrs. Verdi

Esercizio

Correct the mistakes

1) il Conte Federico è molto Ricco.
2) Mi scusi Signorina bianchi, lei è Inglese?
3) Devo andare a Milano Lunedì prossimo.
4) Io parlo Francese molto Bene, ma non conosco I francesi.
5) ci Sono molte differenze tra il Nord e Sud italia.

Gender and Number (Genere e numero)

Nouns are the labels we use to identify people, animals, things, abstract concepts, actions or facts. In English they have no gender and masculine and feminine are only used for human beings or for animals (*prince/princess, his/her*); articles and adjectives have no gender at all. In Italian, on the contrary, all nouns, adjectives and articles are either masculine or feminine. Singular and plural work exactly as they do in English. In English, however, adjectives and articles are not number-sensitive. *The old house* in the plural form becomes *the old houses*, whereas in Italian also the article and the adjective are turned in plural form **la vecchia casa**, **le vecchie case**.

Most Italian singular nouns end in a vowel, i.e. in **-o, -a, -e**. In the first case, they are usually masculine (**amico, panino**); in the second, they are usually feminine (**amica, bicicletta**); in the third, they can be either (**lo studente, il ristorante, l'automobile, la notte**). Please note the abbreviations (ms, mp, fs, fp) to identify gender and number. These abbreviations will also be used for articles (see page 21, 22) and adjectives (see page 25). <u>Do not just look at the ending.</u> Memorize the nouns together with their article: this will help you remember their gender and number. In any case, the text itself will determine whether a noun is masculine or feminine.

Nouns ending in **-o** and **-a**:

ms	*the table*	**il tavol-o**
mp	*the tables*	**i tavol-i**

fs	*the house*	**la cas-a**
fp	*the houses*	**le cas-e**

The second pattern of inflections for nouns and adjectives has a singular form ending with **-e** and a plural form ending with **-i** both in the masculine and the feminine gender.

ms	*the newspaper*	**il giornal-e**
mp	*the newspapers*	**i giornal-i**

fs	*the key*	**la chiav-e**
fp	*the keys*	**le chiav-i**

This situation is only apparently confusing, as other parts of the sentence (articles, adjectives, etc.) will make the gender unmistakable.

cane (ms)	*dog*	**il cane bello** (ms)
ape (fs)	*bee*	**l'ape operaia** (fs)

You will have to ensure you make each 'item' agree in gender and number if you are forming sentences in Italian, even if this means 'ending up with different endings'! <u>Remember, you have to take into consideration both gender and number!</u>
(fs) **La chiave è gialla.**
(fp) **Specialità regionali italiane.**
(fs) **Paolo è una guida alpina.**
(ms) **Il viola non è un colore chiaro.**

Esercizio
Translate into English

il baleno		la balena	
il boa		la boa	
il botto		la botta	
il buco		la buca	
il callo		la calla	
il caccia		la caccia	
il capitale		la capitale	
il caso		la casa	
il cavo		la cava	
il cero		la cera	
i colli		le colle	
il colpo		la colpa	
il corso		la corsa	
il costo		la costa	
il fine		la fine	
i fronti		le fronti	
il gambo		la gamba	
il grano		la grana	
il lama		la lama	
il lotto		la lotta	
il maglio		la maglia	
il manico		la manica	
il mento		la menta	
i messi		le messe	
il metro		la metro	
il modo		la moda	
il morale		la morale	
il partito		la partita	
i pali		le pale	
il palmo		la palma	
i pianti		le piante	
il pizzo		la pizza	
il porto		la porta	
il posto		la posta	
il radio		la radio	
il rosa		la rosa	
i tappi		le tappe	
il tasso		la tassa	
i tavoli		le tavole	
i testi		le teste	

Bank of information
Gender and number

Italian	English
il dito (ms) **le dita (fp)**	*finger* *fingers*

The Plural (Il plurale)

As we have seen, when forming the plural of Italian nouns, vowel endings change to signal a change in number. Most nouns form their plural in a regular way.

• Masculine nouns ending in **-o, -a** or **-e** change their ending to **-i**:
il libro → i libri
il problema → i problemi
il sale → i sali

• Feminine nouns ending in **-a** change their ending to **-e**:
la penna → le penne
la mela → le mele

• Feminine nouns ending in **-e** change their ending to **-i**:
la nave → le navi
l'ape → le api

There are a number of exceptions: some nouns do not have a plural form (**sud**), some do not change in the plural (**la città/le città**), others become feminine (**il dito/le dita**), and some others undergo more than a single change (**l'uomo/gli uomini**). There are also nouns that have two forms in the plural (**il muro/i muri**, **le mura**) with different meanings. You will simply have to learn them gradually, little by little, as and when you come across them. When in doubt, consult a reliable bi-lingual dictionary.

Esercizio
Write the plural of the following nouns (some are irregular)

centrale	
cameriere	
poeta	
papà	
foto	
moto	
tavolo	
uovo	
caffè	
uomo	
specchio	
rete	
difensore	
ginocchio	
miglio	
re	
amico	
amica	

Bank of information
Plurals

Italiano	English
Tutte le parole italiane con l'accento sull'ultima lettera non cambiano al plurale	*All Italian words with a stress mark on the last letter do not change their form in the plural*
città bella **città belle**	*beautiful city* *beautiful cities*
membro **membri** **membra**	*member* *members (of a family, etc)* *limbs*

Definite Article (L'articolo determinativo)

As an introduction to this section and the next, you ought to be made aware of the fact that Italian articles can prove to be somewhat tricky for English speakers because English only has two: *the* (definite article) and *a* (indefinite article). The only variation is the use of *an* instead of *a* when the word following it begins with a vowel sound: *a man, an arrogant man / a university, an expensive university.*

Italian articles agree both in gender and in number with the noun they relate to. For instance, different articles are to be used when translating *the table* and *the chair* (**il tavolo** and **la sedia**). Moreover, Italian articles change and modify their basic form in order to allow a phonetic link between them and the word coming next, thus producing a smoother sound. Masculine singular nouns, for instance, may be preceded by three different articles: **il tavolo**, **lo studente**, **l'albergo**.

So, articles must agree in gender and number with the noun and adjective they precede. Their form is determined by the first letter/s of the word following them:

il giorno	*the day*
l'altro giorno	*the other day*
i giorni	*the days*
gli altri giorni	*the other days*
lo studente	*the student*
il bravo studente	*the good student*

Look at and memorize the following:

gender/number	before word beginning with	article	article	before word beginning with	gender/number
ms	any consonant	il	la	any consonant	fs
ms	a vowel	l'	l'	a vowel	fs
ms	z, x, ps, gn, s+cons	lo	l'	a vowel	fs
mp	any consonant	i	le	any letter	fp
mp	z, x, ps, gn, s+cons	gli	le	any letter	fp
mp	a vowel	gli	le	any letter	fp

The presence or absence of the definite article depends on usage, which varies in Italian and English. For the time being, simply remember that it used more frequently in Italian. *I like wine and beer* in Italian is translated **Mi piacciono la birra e il vino**, that is to say *I like the wine and the beer*.

The article is often used before names of countries, states, regions, continents: **l'Italia**, **il Giappone**, **gli Stati Uniti**, **la California**, **l'Asia**.

However, in the case of names of cities and villages you will simply have: **Milano, Genova, Torino** (except **il Cairo**, **l'Avana**).

Indefinite Article (L'articolo indeterminativo)

The Italian indefinite article is equivalent to the English *a/an*. It also corresponds to the numeral *one*. It is only used with singular nouns; it has no plural form. For the plural, use the Italian words for *some* (**del**, **dello**, **dell'**, etc. See page 74).

Just as the definite article does, the indefinite article agrees with the noun in gender and number and also changes depending on the letter/s at the beginning of the word following it.

ms	before a word beginning with any consonant or vowel	**un**	**una**	before a word beginning with any consonant	fs
	before a word beginning with z, x, ps, gn, s+cons	**uno**	**un'**	before a word beginning with any vowel	

Attenzione! The apostrophe is only used for the feminine article.
un artista bravo (m)   *a good (male) artist*
un'artista brava (f)   *a good (female) artist*

Recapping:

> Remember to choose the correct article you must consider:
> 1. the <u>gender</u> of the noun it accompanies
>   - *masculine or feminine?*
>
> 2. the <u>number</u> of the noun it accompanies
>   - *singular or plural?*
>
> 3. The first <u>letter/letters</u> of the word directly following
> *vowel? consonant? s+consonant? z, ps, gn?*
>
> Let us take the word **alberghi**, for example.
> It is masculine
> It is plural
> It begins with a vowel
> so there is only one option: **gli. Gli alberghi.**

Memorize the forms of the articles as they appear in the tables below:

ms	il / lo / l'	la / l'	fs
mp	i / gli	le	fp

ms	un / uno	una / un'	fs

22

Esercizi

a. Supply the correct definite article (some nouns may have more than one)

	acqua		artisti		mare		aria
	hotel		zucchero		elefanti		palude
	mano		sole		tipo		uomini
	zoccoli		cosa		studenti		scandali
	volta		cane		gnomi		settimana
	signori		signore		ville		nome
	espressioni		gente		questione		idea
	problema		film		città		fine
	brioche		jeep		surf		yogurt

b. Correct the mistakes

lo articoli	
i sigaro	
il lampada	
il stupido	
le erba	
la edera	
il mano	

il donna	
la ombre	
lo sole	
il avvocato	
il zio	
il mari	
l'stella	

c. Supply the correct indefinite article

_____ mio amico vuole comprare _____ macchina rossa. Allora decide di andare da _____ rivenditore di automobili. Quando entra nel negozio, _____ bella signora gli fa vedere _____ catalogo di fotografie con tanti modelli di ogni colore. Purtroppo le macchine che gli piacciono costano molti soldi, allora gli viene _____ idea molto bella: comprare _____ macchina usata. Nel negozio non ci sono macchine usate, allora la signora gli mostra _____ altro negozio lì vicino dove vendono _____ stupenda macchina rossa usata.

d. Supply the correct indefinite article

Questa mattina Valeria deve partire per Bologna; va a trovare _____ amico che vive là. Valeria arriva alla stazione; indossa _____ paio di pantaloni, _____ cappotto scuro e ha _____ zaino sulle spalle. La stazione è molto grande: ci sono due cartelli degli orari dei treni in arrivo e in partenza; c'è _____ grande orologio e _____ stupendo lampadario. Valeria va a _____ sportello informazioni e parla con _____ signorina molto gentile.

e. Match the correct article with the noun

il	
la	
le	
i	
gli	
l'	

cane
animali
amiche
fratelli
musica
amore

Bank of information
Definite and indefinite articles

Italian	English
lo yogurt	*the yogurt*

Adjectives (Gli aggettivi)

Adjectives in Italian agree in gender and number with the noun they refer to and usually follow it:

the black cat	**il gatto nero**
the white house	**la casa bianca**

Most Italian adjectives have four forms (**bello, bella, belli, belle**), but there are many that have only two (**grande, grandi**). Look at the endings displayed in the table below and remember how they behave.

• Adjectives ending in **-o** have four endings for m/f/s/p:

italiano	**italiana**
italiani	**italiane**

-o	-a
-i	-e

• Adjectives ending in **-e** only have one ending for the singular and one for the plural:

inglese	-e
inglesi	-i

• Invariable adjectives:
these are often nouns or words being used as adjectives:

viola	*purple*
blu	*blue*
rosa	*pink*
pari	*even*
dispari	*odd*
ogni	*every*
arrosto	*roast*

• All other adjectives agree with the noun they refer to:

la nuvola bianca (fs)	*the white cloud*
i capelli Biondi (mp)	*the blond hair*

• **Attenzione!** different endings do not imply lack of agreement:

il ragazzo triste (ms)	*the sad boy*
la casa grande (fs)	*the big house*
il piccolo problema (ms)	*the small problem*
la casa vuota (fs)	*the empty house*
le belle mani (fp)	*the beautiful hands*
i musei famosi (mp)	*the famous museums*

When an adjective refers to masculine and feminine nouns, it takes the masculine ending. For example:
i padri (mp) e le madri (fp) italiani   *the Italian fathers and mothers*

Position of Adjectives (La posizione degli aggettivi)

English adjectives usually come before the noun (*a good idea*) with very few exceptions (e.g. *mission impossible* and *consul general*). On the contrary, as we have seen, most adjectives in Italian descrbing shape, colour, origin etc., are typically placed after the noun they refer to.

una lingua difficile (fs)	*a difficult language*
un ragazzo inglese (ms)	*an English boy*
la scatola quadrata (fs)	*a square box*
i giorni lunghi (mp)	*the long days*

• A handful of common adjectives, however, generally come before the noun.

bello	*beautiful*	bravo	*good*
brutto	*ugly*	buono	*good*
caro	*dear*	cattivo	*bad*
grande	*big*	lungo	*long*
nuovo	*new*	piccolo	*small*
santo	*saint*	vecchio	*old*

The position of these adjectives has an effect on the meaning which may change radically or become only subtly different. Generally speaking, when the adjective comes after the noun its meaning is more concrete and when it comes before it its meaning is more abstract. Here are some interesting examples:

bello	**un bel libro**	*a good book*	**un libro bello**	*a beautiful book*
buono	**un buon amico**	*a good friend*	**un amico buono**	*a friend who is a good person*
grande	**un grande uomo**	*a great man*	**un uomo grande**	*a big man*

These adjectives follow the noun for emphasis or contrast, or when modified by an intensifier.

Non l'abito vecchio, l'abito nuovo.	*Not the old suit, the new suit.*
Abitano in una casa molto piccola.	*They live in a very small house.*

• When colours are used as adjectives, they always follow the noun:

a black cat	**un gatto nero**
the green leaves	**le foglie verdi**
the blue sky	**il cielo azzurro**
the white house	**la casa bianca**

The opposite word order (**le verdi foglie**, **l'azzurro cielo**, etc.) would sound unusual, or poetical and would not be used in common speech.

• An interesting exception (in both languages!) with regards to the position of the adjective is:

Snow White	**Biancaneve**
(noun + adj)	(adj + noun)

Esercizi

a. Make the adjective agree with the noun, then turn both into the plural

Adj + Noun	Noun + Adj	Plural
piccolo ruota	ruota piccola	ruote piccole
grande cane		
caldo estate		
forte vento		
ottimo vino		
grasso signora		
enorme albero		
pesante coperta		
bello corsa		
largo foglia		
ricco tesoro		
divertente gioco		
sporco vestito		
breve viaggio		
lungo catena		

b. Complete the table by combining each noun with each adjective

	verde	nero	blu
tavolo (ms)	tavolo verde	tavolo nero	tavolo blu
tavoli (mp)			
sedia (fs)			
sedie (fp)			
alone (ms)			
aloni (mp)			
croce (fs)			
croci (fp)			
sistema (ms)			
sistemi (mp)			
città (fs)			
città (fp)			
crisi (fs)			
crisi (fp)			
moto (fs)			
moto (fp)			

c. Invert the position of the noun and adjective and add the correct article

1) il giorno stesso → lo stesso giorno
2) l'auto nuova → _____
3) il bravo studente → _____
4) gli amici simpatici → _____
5) le verdi foglie → _____

Bank of information
Adjectives

Italian	English
rosa (invariabile)	*pink*

Verbs (I verbi)

A verb typically indicates what someone or something is doing or a state of being. In the dictionary, you will find verbs in their basic form, the infinitive (*to walk, to sleep, to be*, **camminare, dormire, essere**). You must change verb endings according to the person, animal or thing they refer to. Look at the following sentences. The verbs are underlined:

I am sleeping.	**Sto dormendo.**
You will leave tomorrow.	**Partirai domani.**
Paul is tall.	**Paul è alto.**
Do you speak Italian?	**Parla italiano?**

Italian verbs may appear to be quite complex to an English speaker. English verbs, in fact, are relatively simple. In essence, only the *he/she/it* form, known as the III person singular, changes, and only in the present tense.

I	*speak*
you	*speak*
he/she/it	*speaks*
we	*speak*
you	*speak*
they	*speak*

In Italian, each of the six 'persons' of the simple present tense has a distinct ending:

io	**parlo**
tu	**parli**
lui/lei/Lei	**parla**
noi	**parliamo**
voi	**parlate**
loro	**parlano**

Persons refer to subject pronouns (see above) or to nouns (people, animals, things). This is true for all tenses (present, past, future etc.). In Italian, however, thanks to the different endings, you do not need to express subject pronouns as you do in English. The endings will tell you exactly who or what the subject is. **Parliamo** can only refer to **noi** (*we*). The custom is for subject pronouns to learners in this order:

Person	*English*	**Italian**
I sing	*I*	**io**
II sing	*you*	**tu**
III sing	*he/she/it* [1]	**lui/lei/Lei** [2]
I plur	*we*	**noi**
II plur	*you*	**voi**
III plur	*they*	**loro**

---

[1] Italian does not use a pronoun corresponding to *it*.
[2] **Lei** is the formal *you*. More on this on page 37

Active and Passive (Attivo e passivo)

Before continuing our overview of Italian verbs, we ought to point out the differences between the active and passive voice of verbs. The sentences chosen as examples may appear somewhat stilted. Please note that they have been chosen merely to illustrate a grammatical feature and not as examples of everyday, natural speech.

Active / **Attivo**	*Passive* / **Passivo**
Tom gives Pat a rose (a rose to Pat).	*A rose is given to Pat by Tom.*
Tom dà una rosa a Pat.	**Una rosa è data a Pat da Tom.**
Tom has given Pat a rose (a rose to Pat).	*A rose has been given to Pat by Tom.*
Tom ha dato una rosa a Pat.	**Una rosa è stata data a Pat da Tom.**
Tom has left.	//
Tom è partito.	//

As can be seen in the sentences above, in both Italian and English **essere**/*to be* is the auxiliary verb used to form a passive, as in *be given:*
è data   *is given*
è stata data   *has been given*

It must be added that English always uses:
- *have* + past participle (active)   as in (see above)
has given
has left
- *have* + been + past participle (passive)   as in (see above)
has been given

In Italian, either **essere** or **avere** precede the past participle. The choice between **essere** and **avere** depends on a variety of factors, thus our advice is to learn and commit to memory instances of usage, examples you can rely upon and use.
essere/avere + past participle (active)   as in (see above)
ha dato
è partito
but
essere + stato + past particple (passive)   as in (see above)
è stata data

Attenzione!
Passive sentences such as
I was not told the truth.
Ted was asked to leave.
need to be turned into the active before being translated into Italian
The truth was not told to me.
They asked Ted to leave.

Let's now look at the present tense.

The Present Tense (Il presente)

The present tense is used for actions happening right now. In Italian, the present tense of a regular verb is formed by dropping the infinitive ending (**-are**, **-ere**, **-ire**) and adding the appropriate endings to the stem as in:

to speak		to believe		to sleep	
parlare	**parl-**	**credere**	**cred-**	**dormire**	**dorm-**

For example, to form the present tense of a regular **-are** verb you drop -**are** and add the appropriate ending (**-o, -i, -a, -iamo, -ate, -ano**) to the resulting stem:

	Amare (*To love*)	
I sing	*I love*	(**io**) **amo**
II sing	*you love* (informal)	(**tu**) **ami**
III sing	*he/she loves*	(**lui/lei**) **ama**
	you love (formal)	(**Lei**) **ama**
I plur	*we love*	(**noi**) **amiamo**
II plur	*you love* (plural)	(**voi**) **amate**
III plur	*they love*	(**loro**) **amano**

The stress falls on the next-to-last syllable. The one exception is the III person plural form **amano**, with stress falling on the first syllable.

Interestingly, the present tense in Italian translates a variety of English verb forms:
Parlo inglese = *I speak English.*
Cosa fai? Parlo con Maria = *What are you doing? I am talking to Maria.*
Ti aspetto da questa mattina = *I have been waiting for you since this morning.*
Lo conosco da sei anni = *I have known him for six years.*
Parlo con lui domani, non preoccuparti. = *I'll speak with him tomorrow, don't worry.*
Nel 1939, Hitler invade la Polonia = *In 1939, Hitler invades Poland.*

Now let us have a look at verb conjugations (i.e. the forms verbs can have, according to the number of people they refer to and according to the 'when' and 'how' they express). Italian verbs all fall into three categories. Notice that the **–ire** verbs are divided into two sub-categories: verbs ending in **–o** and in **–isco**. Do not worry about learning them all now, but the sooner you do, the better! It is easier to identify the similarities between forms, as opposed to concentrating on the differences.

-are	-ere	-ire	
Parlare	**Credere**	**Partire**	**Finire**
parl**o**	cred**o**	part**o**	fin**isco**
parl**i**	cred**i**	part**i**	fin**isci**
parl**a**	cred**e**	part**e**	fin**isce**
parl**iamo**	cred**iamo**	part**iamo**	fin**iamo**
parl**ate**	cred**ete**	part**ite**	fin**ite**
parl**ano**	cred**ono**	part**ono**	fin**iscono**

Esercizi

a. Put the verbs into the appropriate column

penso - vediamo - apre - scrivete - passeggiate - mangi - studiano - leggete - dormite - parto - vendete - aprite - studia - servite - chiudi - mettiamo - cantate - capiamo - finisci - amo - credi - devono - preferite - cadete - offro - parlano - studi - corri - scriviamo - arrossisce - imparo

Verbi in -are	Verbi in -ere	Verbi in -ire	
		in -o	in -isco

b. Fill the gaps with the correct form of each verb

1) In Italia il numero 13 (portare) _____ fortuna.
2) Lui (vedere) _____ solo film western.
3) Lei (ascoltare) _____ solo musica classica.
4) Mario (mangiare) _____ troppo.
5) Voi (capire) _____ quello che io ho detto?
6) Tu non (guardare) _____ molto la televisione.
7) Francesca (partire) _____ questa sera.
8) Loro non (credere) _____ a quello che dico.
9) I miei genitori (arrivare) _____ alle otto.
10) Noi (prendere) _____ qualcosa da bere.
11) I bambini (aspettare) _____ l'autobus.
12) Io non (conoscere) _____ quella persona.
13) Noi non (capire) _____ bene l'inglese
14) Giovanni e Sara (rimanere) _____ a casa stasera.
15) Anna e Marco (studiare) _____ sempre in biblioteca.
16) Mario (leggere) _____ spesso il giornale.
17) Voi non (pulire) _____ mai la vostra stanza.
18) Carlo (arrivare) _____ sempre in ritardo.
19) Noi (mangiare) _____ a casa stasera.
20) Paola (capire) _____ bene l'inglese.

Banks of information
Verbs in the present tense

Dipingere
dipingo
dipingi
dipinge
dipingiamo
dipingete
dipingono

To Be and to Have (Essere e avere)

As in English, **essere** (*to be*) is an incredibly common verb, but it is also highly irregular as it does not follow a predictable conjugation pattern. You will have to study all the endings carefully. The present tense of **essere** is as follows hereunder. Notice how the III pers sing **è** may refer to different subjects.

I sing	(io) **sono**	*I am*
II sing	(tu) **sei**	*you are* (sing inform)
III sing	(lui, lei) **è**	*he, she, it is*
	Lei **è**	*you are* (sing form)
I plur	(noi) **siamo**	*we are*
II plur	(voi) **siete**	*you are* (plural)
III plur	(loro) **sono**	*they are*

Essere mostly covers the meanings *to be* has in English. It is used to express your name (**Sono Alberto**), your profession (**Paolo, sei cameriere?**) and nationality (**Lei è francese?**). When followed by **di** + the name of a city, town, village it indicates provenance (**Maria è di Milano**).

'**Essere** + **di** + proper name' is also used to indicate possession. No apostrophe <s> ('s) is used in Italian: *It is Anna's = It is of Anna* = **È di Anna**

Questa chitarra è di Beppino.	*This guitar is Beppino's.*

Just like **essere**, **avere** (*to have*) is both very common and very irregular. The present tense of **avere** is as follows:

I sing	(io) **ho**	*I have*
II sing	(tu) **hai**	*you have* (sing inform)
III sing	(lui, lei) **ha**	*he, she, it has*
	Lei **ha**	*you have* (sing form)
I plur	(noi) **abbiamo**	*we have*
II plur	(voi) **avete**	*you have* (plural)
III plur	(loro) **hanno**	*they have*

Again, **avere** is used mostly as *to have* is in English, but here are some interesting differences:

In italiano = avere		**Esempi**	In English = *to be*
Avere +	caldo	Ho caldo	*I am hot*
	freddo	Hai freddo?	*Are you cold?*
	sete	Signora, ha sete?	*Madam, are you thirsty?*
	fame	Abbiamo fame	*We are hungry*
	...... anni	Ho 20 anni	*I am 20*
	fretta	I ragazzi hanno fretta	*The boys are in a hurry*
	ragione	Io ho ragione	*I am right*
	torto	Tu hai torto	*You are wrong*

Esercizi
a. Complete with the correct form of **essere** or **avere**
1) Giovanni _____ una bella casa.
2) Franca _____ una ragazza italiana.
3) Giovanni e Pietro _____ alti.
4) Voi _____ i miei compagni di classe.
5) Noi _____ una macchina rossa.
6) Bambini, _____ sete?
7) Noi _____ fame.
8) Di dove _____ tu?
9) Di chi _____ questi libri?
10) Stefano, quanti anni _____?
11) Loro _____ 3 e 4 anni.
12) Il libro _____ nuovo.
13) Io non _____ né fratelli né sorelle.

b. Translate the following sentences
1) We are James and Jane. = _____.
2) I am a mother. = _____.
3) He is the father. = _____.
4) They have a house. = _____.
5) The uncle has a cat. = _____.
6) Peter has the keys. = _____.
7) We have two dogs. = _____.
8) This is your car. = _____.
9) She is Italian. = _____.
10) David and Marco are not young. = _____.

c. Correct the verbs
1) Noi sono di Parigi. = _____.
2) Tu siete svedese. = _____.
3) Marcella siamo italiana. = _____.
4) Loro è al bar. = _____.
5) Io sei di Napoli. = _____.
6) Maria avete sete. = _____.
7) Voi ho fame. = _____.
8) Noi hanno un amico qui. = _____.
9) Loro hai un gelato. = _____.
10) Lei abbiamo un'amica cinese. = _____.

Bank of information
To be and to have

Italian	English
avere fame	*to be hungry*

Formal / Informal (Formale / informale)

In the previous charts (see page 31) you will have noticed another important aspect of Italian verbs. There is a formal and an informal way of addressing people.

Tu is informal, used when talking to someone your own age or younger, or someone you know well. **Lei** is formal, used when talking to someone you don't know well or someone older than you. Notice that **Lei** always has a capital letter, to distinguish it from **lei** which means *she*. You will undoubtedly use the **Lei** form more often when communicating in Italian, but you also ought to be aware of **tu**.

The informal or familiar form corresponds to the II person singular of the verb, whereas the formal form coincides with the III person singular. For example, looking at the verb **parlare**, the former would be **parli**, and the latter **parla**. So, **tu parli inglese** is informal, and **Lei parla inglese** is formal. **Tu** and **Lei** both mean *you* in English.

Tu come ti chiami?	*What's your name?* (informal)
Lei come si chiama?	*What's your name?* (formal)

The choice affects the ending of the verb linked to **tu** (II sing) or **Lei** (III sing) even when the actual words are not used. It also affects all the other words you use in the sentence relating to the person you are addressing.

Ciao, come ti chiami?	*Hello, what's your name?* (informal)
Buongiorno, come Si chiama?	*Good morning, what's your name?* (formal)
Qual è il tuo nome?	*What's your name?* (informal)
Qual è il Suo nome?	*What's your name?* (formal)

- **Lei** is used to address both men and women formally.

Signora Verdi, come sta Lei?	*Mrs Verdi, how are you?*
E Lei, Signor Bianchi, come sta?	*And how are you, Mr Bianchi?*

Anything that agrees in gender and number with the person (an adjective, for example) is to be masculine singular when talking to a man.

Signor Bianchi, Lei è italiano?	*Are you Italian, Mr Bianchi?*

but the pronouns which relate to the person are feminine:

ArriverderLa, dottore!	*Goodbye, doctor!*
Devo darLe una notizia importante.	*I must give you some important news.*

- The personal pronoun used to address more than one person, both formally and informally, is **voi**. In the past, the plural of **Lei** was **Loro**, but this has now been dropped.

Voi come vi chiamate?	*What's your name?* (informal or formal plural)
Di dove siete?	*Where are you from?* (informal or formal plural)
Cosa mangiate?	*What are you eating?* (informal or formal plural)

Esercizi

a. Write both the formal and informal questions to fit the answer

1) _____? / _____?
Sì, io parlo italiano.
2) _____? / _____?
No, non ascolto musica classica.
3) _____? / _____?
Sì, mangio spesso a casa.
4) _____? / _____?
No, non abito a Roma; abito a Urbino.

b. Translate the sentences using **tu** and **Lei**

	tu	**Lei**
What's your name?		
Are you English?		
Do you speak English?		
Where do you work?		
Do you have children?		
Are you married?		

c. Transform the sentences using **Lei** instead of **tu**

1) Ciao, come ti chiami? = _____.

2) Sei argentino? = _____.

3) Quando arrivi in Italia? = _____.

4) Dove abiti? = _____.

5) Hai il visto sul passaporto? = _____.

6) Ti scrivo un elenco. = _____.

7) Quanti anni hai? = _____.

8) Torni domani alle 12? = _____.

d. Transform the sentences using **tu** instead of **Lei**

1) Lei lavora in questo ufficio? = _____.

2) Lei è figlio unico? = _____.

3) Di dove è = _____.

4) Grazie, Lei è molto gentile. = _____.

5) Scende alla prossima fermata? = _____.

6) Mangia verdure? = _____.

7) Ha un documento? = _____.

8) Prende un caffè? = _____.

Bank of information
Formal and informal

Italian	English
di dov'è?	*where are you from?* (formal)
di dove sei?	*where are you from?* (informal)

Negatives (I negativi)

In Italian we make a verb negative by placing the adverb **non** in front of it.

Non parlo russo.	*I don't speak Russian.*
Lui non è italiano.	*He is not Italian.*
Non conosco Roma.	*I am not familiar with Rome.*

The following are some negative pronouns, adverbs and conjunctions:

neanche	*not even*
nessuno	*nobody, no one*
niente	*nothing*
mai	*never*
non ... ancora	*not yet*
non ... più	*not anymore, no longer, no more*
(non ...) né ... né	*neither ... nor*
non ... affatto	*not at all*

In Italian you often use double negatives. This does not happen in English: you wouldn't say *I don't do nothing*. Just to prove this point and to make the examples clearer, we added pluses (+) and minuses (-) to highlight which elements are positive or negative respectively.

Non vado mai al cinema.	*I never go to the cinema.*
- -	- +

Non vedo nessuno.	*I can't see anyone.*
- -	- +

Look at the following example which has four negatives in Italian!

Carlo non dice mai niente a nessuno.	*Carlo never says anything to anyone.*
- - - -	- + + +

Nessuno/a *(no, not any)* are indefinite adjectives used in the masculine and feminine singular; they follow the forms of the indefinite articles **un, uno, una, un'** (see page 22).
Non c'è nessun albergo in questa piazza.
Non c'è nessuno studente in classe.
Non si vedeva nessuna finestra aperta.
Non avevano invitato nessun'amica di Franco.

When **nessuno** is a pronoun (*no one, nobody, none*) it is invariable.
Non voglio parlare con nessuno.

Attenzione! The negative **non** is not used when **nessuno/a** (either adjective or pronouns) come before the verb.
Nessun albergo era aperto. / Non era aperto nessun albergo.

Asking Questions (Fare domande)

We invert subject and verb to ask a question in English. The statement *You can play the guitar* becomes *Can you play the guitar?* At times, you add *do/does* (present simple) and *did* (past simple). *You usually have dinner at 7 o'clock* becomes *Do you usually have dinner at 7 o'clock?* and the question is typically pronounced with a rising intonation.

No verb is added in Italian. You simply add a question mark when writing and slightly raise the tone of your voice when speaking, as you would in English.
Sai suonare la chitarra.
Sai suonare la chitarra?

Look at these sentences:

You are English.	**Sei inglese.**
Are you English?	**Sei inglese?**

They eat pizza.	**Mangiano la pizza.**
Do they eat pizza?	**Mangiano la pizza?**

Adding the words or phrases **no?**, **non è vero?**, **è vero?**, or **vero?** to the end of a statement will change it into a question:

Arrivano stasera alle otto, vero?	*They'll be arriving tonight at eight, right?*
Tuo fratello è inglese, non è vero?	*Your brother is English, isn't he?*
Sono i padroni, vero?	*They are the owners, true?*

Question words are always placed before the verb. Some common ones are:

Chi?	*Who?*
Cosa?	*What?*
Quando?	*When?*
Dove?	*Where?*

Perché?	*Why?*
Come?	*How?*
Quanto/a?	*How much?*
Quanti/e?	*How many?*

In negative questions there are no contractions such as *didn't, isn't, mustn't*. You simply add **non** in front of the verb (see page 40).

Chi non vuole andare?	*Who doesn't want to go?*
Perché non vieni?	*Why aren't you coming?*
Paola non sa nuotare?	*Can't Paola swim?*

Esercizio
Supply the correct question word
1) _____ è Roberto? È a Roma.
2) _____ arriva a Firenze? Domani.
3) Con _____ ? Con Lina.
4) _____ è Lina? La sua ragazza.
5) _____ vogliono andare a Firenze?

Banks of information
Negatives and negative questions

Italian	English
C'è nessuno?	*Is anybody there?*

Asking questions

Italian	English
Ti piace leggere?	*Do you like reading?*

Irregular Verbs (I verbi irregolari)

These are some common irregular verbs. You ought to learn them by heart since they do not follow any rule and are used very often.

Stare (to be/ to stay)	Volere (to want)	Potere (to be able/ allowed to)	Dovere (to have to)	Dire (to say)	Dare (to give)	Sapere (to know)	Fare (to do)	Andare (to go)
Sto	Voglio	Posso	Devo	Dico	Do	So	Faccio	Vado
Stai	Vuoi	Puoi	Devi	Dici	Dai	Sai	Fai	Vai
Sta	Vuole	Può	Deve	Dice	Dà	Sa	Fa	Va
Stiamo	Vogliamo	Possiamo	Dobbiamo	Diciamo	Diamo	Sappiamo	Facciamo	Andiamo
State	Volete	Potete	Dovete	Dite	Date	Sapete	Fate	Andate
Stanno	Vogliono	Possono	Devono	Dicono	Danno	Sanno	Fanno	Vanno

Have a look at the the table and identify the similarities; this will help you learn. For instance, the first person singular always ends in **–o**, the II sing in **–i**, the III sing moslty ends in **–a** or **–e**. The endings of the three plural persons greatly resemble those of regular verbs.

- The verb **stare** means *to be* or *to stay*, and is frequently used in many idiomatic expressions, such as **Come stai?** (*How are you?*). **Stare** is also used followed by an Italian 'gerundio' (i.e. the *–ing* form of a verb) when we wish to refer to an action in progress: **Sto imparando l'italiano** (*I'm learning Italian*).

- **Volere, dovere** and **potere** are the equivalent of English modal verbs (see page 61). They tells us about a speaker's or a writer's attitude towards the world (e.g. certainty, possibility, willingness, obligation, necessity, ability). They are very frequently used and will give 'flavour' to what you are saying.

- The verb **fare** derives from the Latin 'facere' (hence the **c** in certain forms of its conjugation) and is used in many idiomatic expressions.

Faccio la spesa ogni lunedì.	*I do the shopping every Monday.*
Vuoi fare shopping?	*Do you want to go shopping?*
Di mattina, Paolo fa la doccia.	*Paolo takes a shower in the morning.*
Dobbiamo fare la fila.	*We must queue.*
Posso fare una domanda?	*May I ask a question?*
Non fanno mai colazione.	*They never have breakfast.*
Facciamo una passeggiata?	*Shall we go for a walk?*

- If the verb **andare** is followed by another verb, the sequence **andare** + **a** + infinitive is used. **Quando andiamo a ballare?** = *When are we going dancing?*

If **andare** precedes a means of transportation, you must use **in**: **andare in aereo, bicicletta, treno, macchina,** but **andare a piedi** *(on foot).*

When **andare** is followed by the name of a country, the preposition **in** is used; when it is followed by the name of a city, town, village **a** is used.
Vado in Italia, a Roma. (*I'm going to Italy, to Rome.*)

Esercizi

a. Complete using the correct form of the verb (some verbs are regular)
1) Io (andare) _____ a scuola per imparare l'italiano.
2) Luigi mangia poco perché non (volere) _____ ingrassare.
3) Quale (essere) _____ il tuo libro?
4) Susanna ed Alessandra (rimanere) _____ a Firenze.
5) Io (lavorare) _____ in un ufficio.
6) Lucia (uscire) _____ con gli amici.
7) Noi (comprare) _____ questo orologio per Lucia.
8) Oggi (dovere, io) _____ studiare i verbi irregolari.
9) I miei fratelli (stare) _____ molto bene.

b. Complete using the correct form of the verb (some verbs are regular)
1) Sandro non (sapere) _____ cucinare.
2) Stasera Luca e Gemma (andare) _____ al cinema.
3) Signora, (conoscere) _____ la Galleria degli Uffizi?
4) Alberto (lavare) _____ i piatti.
5) Io (andare) al circo; (voi, volere) _____ venire con me?
6) Carla, Lei (parlare) _____ molto bene il catalano!
7) Guido, a che ora (uscire) _____ dall'ufficio?
8) Nella nostra biblioteca (avere) _____ molti libri di filosofia.
9) Gli operai di quella fabbrica (essere) _____ in sciopero.

c. Complete using the correct form of the verb (some verbs are regular)
1) Voi non (dire) _____ niente?
2) Loro (volere) _____ fare un nuovo controllo.
3) Noi non (andare) _____ mai al cinema.
4) Lui (andare) _____ in un paese vicino alla Svizzera.
5) (Io, salire) _____ un momento in casa.
6) I miei genitori (rimanere) _____ a Barcellona.
7) Sono stanco; non (potere) _____ studiare.
8) (Tu, venire) _____ con me?
9) (Tu, dovere) _____ affrontare la situazione.

d. Complete using the correct form of the verb (some verbs are regular)
1) Luigi (dovere) _____ partire oggi.
2) Chi (sapere) _____ quando ritorna Luigi?
3) Oggi (io, volere) _____ andare al cinema.
4) Maria non mi (dare) _____ il libro.
5) (Voi, andare) _____ presto a casa?
6) Nadia (uscire) _____ dall'università.
7) Noi (rimanere) _____ ancora qui.
8) Che cosa (voi, bere) _____ ?
9) Mi (tu, tenere) _____ la mano perché ho paura?
10) Lei non (parlare) _____ inglese?

Banks of information
Irregular verbs

Bere
bevo
bevi
beve
beviamo
bevete
bevono

Bello and Quello

The adjectives **bello** and **quello** 'imitate' definite articles (see page 21) and change their endings depending on the gender and number of the noun they qualify and on the letters/sound at the beginning of the word they precede: **il bel tavolo**, **il bello specchio**, **il bell'albergo**. This may appear confusing, but if you know how to use the definite article, this will be no problem for you!

Complete the chart

il divano	bel divano	quel divano
l'appartamento	_____ appartamento	_____ appartamento
_____ scaffale	bello scaffale	_____ scaffale
_____ casa	_____ casa	quella casa
l' amica	_____ amica	_____ amica
_____ divani	bei divani	_____ divani
_____ appartamenti	_____ appartamenti	quegli appartamenti
gli scaffali	_____ scaffali	_____ scaffali
_____ case	belle case	_____ case
_____ amiche	_____ amiche	quelle amiche

Attenzione! When the forms of the adjectives **bello** and **quello** are used after the noun or at the end of a sentence, they behave as regular adjectives with four forms:

bello	bella
belli	belle

Un bel divano → **Un divano bello**

quello	quella
quelli	quelle

Mi piacciono quegli scaffali → **Mi piacciono quelli**

Buono

Before a noun, the singular forms of the adjective **buono** match those of the indefinite article **un/uno/una/un'** (see page 22). There are two plurals: **buoni** and **buone**.

When you would use ...	you would use ...	and ...	and ...	you would use ...	When you would use ...
il l'	un	buon	buona	una	la
lo	uno	buono	buon'	un'	l'
i gli	-	buoni	buone	-	le

Attenzione! When the forms of the adjectives **buono** are used after the noun they qualify, they behave like regular adjectives with four forms:

buono	buona
buoni	buone

Un buon amico → Un amico buono
Una buon'amica → Un'amica buona

Molto and Tanto

Molto and **tanto** have very similar meanings and behave in very similar ways. They can be either adverbs, adjectives or pronouns and will agree with the noun they qualify in gender and number as adjectives, with the noun they refer to as pronouns, but are invariable as adverbs.

Devo leggere tanti libri.	*I have to read many books.* (adjective)
Mi piace molto studiare italiano.	*I really enjoy studying Italian.* (adverb)

It is crucial to discriminate between adjective and adverb. We could say that as adjectives **molto** and **tanto** mean *much, many, a lot of*, whilst as adverbs they mean *very (much), a lot*.

Mangio tanto pane.	*I eat a lot of bread.* (ms)
Canto molte canzoni.	*I sing many songs.* (fp)
Devo studiare molto.	*I have to study a lot.* (adverb)

• Adjectives

Molt	-o	-a
	-i	-e

Tant	-o	-a
	-i	-e

• Pronouns
When used on their own and don't qualify a noun, verb, adverb or adjective, they are pronouns. They stand in for a noun and act as the subject or object of the sentence. In this case they take the gender and number of the noun they refer to.

Quanti libri leggi? Molti.	*How many books do you read? Many.*
Quante torte mangi? Tante.	*How many cakes do you eat? Many.*

• Adverbs
When **molto** and **tanto** modify an adjective, a verb or another adverb, they do not change:

with an adjective	**tanto grandi**	*very big*
with a verb	**mangio molto**	*I eat a lot*
with an adverb	**molto lentamente**	*very slowly*

Esercizi
a. Supply the correct forms of **tanto** or **molto**
1) Luigi ha _____ amici.
2) La moglie di Luigi è _____ simpatica.
3) Mauro mangia _____.
4) Anna beve _____ birra.
5) _____ non riescono a trovare un lavoro.

Banks of information
Bello, quello, buono

Italian	English

Molto, tanto

Italian	English

Possessives (I possessivi)

Possessives behave mostly as they do in English; they express to whom or to what something or someone belongs. Italian however, uses the definite article with possessives. They follow the three persons both singular and plural, just as they do in English.

	English	ms	fs	mp	fp
I sing	*my/mine*	**il mio**	**la mia**	**i miei**	**le mie**
II sing	*your/yours* (informal)	**il tuo**	**la tua**	**i tuoi**	**le tue**
III sing	*his/her/hers*	**il suo**	**la sua**	**i suoi**	**le sue**
	your/yours (formal)*	**il Suo**	**la Sua**	**i Suoi**	**le Sue**
I plur	*our/ours*	**il nostro**	**la nostra**	**i nostri**	**le nostre**
II plur	*your/yours* (plural)	**il vostro**	**la vostra**	**i vostri**	**le vostre**
III plur	*their/theirs*	**il loro**	**la loro**	**i loro**	**le loro**

*Possessives referring to the formal III person sing (**Lei**) are capitalized.

Attenzione! suo may mean *his*, *her* or *hers*. To avoid confusion, you can replace **suo**, or add the words **di lui / di lei**.
I saw Giorgio today; he was with Sandra. Her friend is Italian.
Ho visto Giorgio oggi; era con Sandra. Il suo amico/L'amico di Sandra/Il suo (di lei) amico è italiano.

- **loro** never changes no matter which gender or number it refers to, but the preceding article does.

il loro cane	*their dog*
le loro case	*their houses*

Note that possessive adjectives and pronouns are used without the definite article:
- when referring to close family members in the singular

mia madre	*my mother*
tuo zio	*your uncle*

but

i suoi fratelli	*his/her brothers*	plural
la mia figliola	*my daughter*	diminutive

- and in some expressions

a suo tempo	*at the right time*
a mio giudizio	*in my opinion*
è mia intenzione	*it's my intention*
casa mia	*my house/home*
colpa tua	*your fault*
a mio parere	*in my opinion*

Esercizi

a. Translate into Italian
1) my house = _____.
2) your name = _____.
3) my mother = _____.
4) our friends = _____.
5) his car = _____.
6) her father = _____.
7) my fault = _____.
8) her eyes = _____.
9) their tickets = _____.
10) our family = _____.

b. Supply the correct possessive
1) _____ libri sono grossi. (noi)
2) _____ rivista è interessante. (lui)
3) _____ giacca è nera. (io)
4) _____ motociclette sono rosse. (loro)
5) _____ cravatta è bella. (tu)
6) _____ amici sono bravi. (loro)
7) _____ vicini sono italiani. (voi)
8) _____ giardino è bello. (Lei)
9) _____ cappotto è leggero. (io)
10) _____ amiche sono generose. (lei)

c. Supply the correct possessive
(My) _____ sorella è molto intelligente. Studia tutte le sere con (her) _____ ragazzo. _____ (her) materia preferita è la matematica, ma le piacciono anche le scienze. _____ (her) obiettivo è studiare medicina e diventare dottoressa. È più seria di me! A me non piace studiare; preferisco stare all'aperto. Mi piace andare in barca a vela, correre, e fare esercizi di yoga, ma _____ (my) attività preferita è fare un giro in bicicletta. Ogni sabato faccio un giro con _____ (my) amici.

d. Supply the correct possessive
1) Questa matita è _____. (yours)
2) _____ vacanza è stata bellissima. (our)
3) _____ biglietto è scaduto. (your)
4) Domani _____ sorella va in Francia. (my)
5) Aida è bassa e grassa. _____ figlio è alto e magro. (her)
6) La _____ amica è molto carina. (their)
7) Scusa Antonio, dov'è _____ sorella? (your)

Bank of information
Possessives

Italian	English
mio fratello **i miei fratelli**	*my brother* *my brothers*

Cardinal Numbers (I numeri cardinali)

Italian numbers are easy to remember. Here they are from 1 to 100:

1	uno	11	undici	21	ventuno	31	trentuno
2	due	12	dodici	22	ventidue	32	trentadue
3	tre	13	tredici	23	ventitré	33	trentatré
4	quattro	14	quattordici	24	ventiquattro	40	quaranta
5	cinque	15	quindici	25	venticinque	50	cinquanta
6	sei	16	sedici	26	ventisei	60	sessanta
7	sette	17	diciassette	27	ventisette	70	settanta
8	otto	18	diciotto	28	ventotto	80	ottanta
9	nove	19	diciannove	29	ventinove	90	novanta
10	dieci	20	venti	30	trenta	100	cento

- The number **0** is written **zero** in letters as it is in English, but the letter **e** is pronounced as it is in the words **neve** and **elefante**.

- When **-tre** is the last digit of a larger number, it is stress-marked: **ventitré, trentatré, quarantatré** ….

- Multiples of ten (**venti, trenta**, etc) drop the final vowel before adding **-uno** or **-otto**: **ventuno, ventotto, trentuno, trentotto** ….

- For numbers over 100, you simply say **duecento, quattrocento, novecento**…

- 1,000 is **mille** and then, after 1,999, **duemila, tremila**, etc. Note that you do not say **uno mille** for *a thousand* but simply **mille** and that it then changes to **mila**.

- Numbers above **mille** are quite simply **milleuno**… **quindicimila**… **un milione**…..

Attenzione! The masculine singular definite article is used with years.

| Il 1990 è stato un anno molto freddo. | *1990 was a very cold year.* |

For years/dates, we count expressing the thousands. For example, the year *1816* is never expressed as **diciotto-sedici** but as **milleottocentosedici** (*one thousand eight hundred and sixteen*). The conjunction **e** (*and*) is omitted.

For dates of the month, we use the ordinal number **primo** for the first day only. For all the other dates, we use cardinal numbers in Italian.
il primo settembre   *1st September*
il tredici dicembre   *13th December*

Finally, remember that <,> **virgola** is used instead of <.>**punto** and vice versa, e.g. **0,5 per cento** = *0.5 per cent* and **1.100 euro** = *1,100 euros.*

Ordinal Numbers (I numeri ordinali)

Italian ordinal numbers correspond to the English *first, second, third, fourth* and so on. Each of the first ten ordinal numbers has a distinct form.

1o	**primo**	*first*
2o	**secondo**	*second*
3o	**terzo**	*third*
4o	**quarto**	*fourth*
5o	**quinto**	*fifth*

6o	**sesto**	*sixth*
7o	**settimo**	*seventh*
8o	**ottavo**	*eighth*
9o	**nono**	*ninth*
10o	**decimo**	*tenth*

Attenzione! Unlike cardinal numbers, ordinal numbers agree in gender and number with the nouns they accompany.
il quinto giorno   *the fifth day*
la prima volta   *the first time*

After **decimo**, cardinal numbers are formed by dropping the final vowel and adding **-esimo/a/i/e**.
undici = **undicesimo** (ms)
quattordici = **quattrodicesima** (fs)

Numbers ending in **-tré** and **-sei** retain the final vowel.
ventitré = **ventitreesimo** (ms)
trentasei = **trentaseiesima** (fs)

As in English, ordinal numbers normally precede the noun. Abbreviations are written with a small ° (masculine singular) or ª (feminine singular).
il 5° piano   *the fifth floor*
la 3ª pagina   *the third page*
For the plural, you would just write the number in letters (**dodicesimi**, **ventesime**)

Roman numerals are frequently used when referring to royalty, popes, centuries and chapters of a book and, usually, follow the noun/name.
Luigi XV (**Quindicesimo**)   *Louis XV*
Papa Giovanni Paolo II (**Secondo**)   *Pope John Paul II*
il secolo XIX (**diciannovesimo**)   *the nineteenth century*
Capitolo I (**primo**)   *Chapter One*

Ordinal numbers are also used to express fractions:
1/3 **un terzo**, 2/3 **due terzi**, 1/4 **un quarto**, 1/10 **un decimo**
but 1/2 **un mezzo**, (**la**) **metà**.
Attenzione! When **mezzo** preceeds the noun, it must agree:
mezzo litro, una mezza porzione, due mezzi litri, tre mezze porzioni
Mezzo is invariable when it follows the noun:
due litri e mezzo, un'ora e mezzo

Attenzione! 1° means first; 1 degree Celsius, or 1 degree (angle).

Esercizi

a. Write the numbers in words
1) 1234 = _____
2) 888 = _____
3) 906 = _____
4) 53 = _____
5) 3786 = _____
6) 9838 = _____
7) 126 = _____
8) 516 = _____

b. Complete the following
1) tredici + _____ = ventiquattro
2) undici + _____ = sessantuno
3) due + _____ = settantacinque
4) quindici + _____ = quarantadue
5) venticinque + _____ = settantotto
6) sessanta – _____ = quarantotto
7) trenta – _____ = ventisette
8) cento – _____ = quindici
9) ventuno – _____ = due
10) novantaquattro – _____ = trentotto
11) diciotto + _____ = trentadue

c. Write the numbers in words
1) 4° = _____
2) 6° = _____
3) 1° = _____
4) 35° = _____
5) 9° = _____
6) 278° = _____
7) ¾ = _____
8) ½ = _____

d. Write the dates in words
1) 3/5/74 = _____
2) 3/7/85 = _____
3) 4/5/18 = _____
4) 10/12/46 = _____
5) 27/1/52 = _____

Telling the Time (Leggere l'ora)

What time is it? is expressed in Italian by **Che ora è?** or **Che ore sono?**
The nouns **ora**/**ore** mean *hour*/*hours*. The answers may be

- **È mezzogiorno** (*noon*), **è mezzanotte** (*midnight*), **è l'una** (*one o'clock*), which are singular times.
- **Sono le** + the number of hours is the answer for all other times. The word **ore** is understood and not usually mentioned, as in **sono le (ore) sei**. **Ore** is feminine and plural, therefore the article is **le**.

È mezzogiorno.	It's noon.
È l'una.	It's one o'clock.
Sono le undici.	It's eleven o'clock.

Fractions of an hour are expressed by **e** (*and*) + the number of minutes elapsed.

È l'una e ventidue.	It's one twenty-two.
Sono le cinque e tredici.	It's five thirteen.

From half past the hour to the next hour, time can also be expressed by giving the next hour **meno** (*minus*) the number of minutes missing, as in, **le tre meno cinque**. In this case, instead of saying *five minutes to three*, in Italian you are actually saying *three minus five*.

Sono le otto meno venti.	It's twenty to eight.

You could also use the equivalent of *it's one minute past* the hour up to 59 minutes past. For instance, you could say
sono le tre e un minuto (*one minute past three*) up to
sono le tre e cinquantanove minuti (*one minute to four*).

Un quarto (*a quarter*) and **mezzo** (*a half*) [colloquially, **mezza**] often replace **quindici minuti** and **trenta minuti**.

È mezzanotte e mezzo.	It's half past midnight.
Sono le quattro meno un quarto.	It's a quarter to four.

Attenzione! Some Italians use the verb **mancare** (*be missing*) instead of **meno**.

Mancano dieci all'una.	(Ten minutes to one are missing). It's ten to one.
Manca un quarto alle quattro.	(A quarter to four is missing). It's a quarter to four.

- To indicate *am* add the words **di mattina** (**del mattino**) to the hour; to indicate *pm* add **di pomeriggio** (**del pomeriggio**) (*12 noon to 5 pm*), **di sera** (*5 pm to 12 midnight*), or **di notte** (*12 midnight to very early morning*) to the hour.

- To ask or say *at what time?* use **a che ora?**
  A che ora vai al cinema? *At what time are you going to the cinema?*

- To say that you are doing something at a particular time, use the preposition **alle** + the time with the exception of **all'una**, **a mezzogiorno** and **a mezzanotte**.

Esercizi

a. Write the correct times in words
1) 7:21 am = _____
2) 9:10 am = _____
3) 4:24 pm = _____
4) 8:30 pm = _____
5) 3:45 am = _____
6) 9:00 pm = _____
7) 1:15 am = _____
8) 5:15 pm = _____
9) 3:05 am = _____
10) 6:20 pm = _____
11) 12 midnight = _____
12) 10:45 pm = _____
13) 8:30 pm = _____

b. Write the correct times in numbers
1) Sono le sette e cinquantanove = _____
2) Sono le nove e quarantatré = _____
3) Sono le sette meno un quarto = _____
4) È l'una e quaranta = _____
5) Sono le otto e cinquantacinque = _____
6) Sono le cinque e quindici = _____
7) Sono le sette meno un quarto = _____
8) Sono le sei e trenta = _____
9) Sono le undici meno dieci = _____
10) Sono le tre e mezzo = _____
11) Sono le due e un quarto = _____
12) Sono le quattro e tre quarti = _____

c. Write six different ways of expressing 4:45 (both am and pm)
1) _____
2) _____
3) _____
4) _____
5) _____
6) _____

Banks of information
Cardinal and ordinal numbers

Italian	English

Telling the time

Italian	English

Present Perfect Tense (Il passato prossimo)

To form the **passato prossimo** in Italian, you first remove the **–are**, **–ere** or **–ire** endings from the infinitive and then add **–ato**, **–uto** or **–ito**, respectively. So: **lavorare** becomes **lavorato**, **credere** becomes **creduto**, and **finire** becomes **finito**. Then you conjugate either **avere** or **essere** (i.e. you state their different forms) in the present tense as follows:

Lavorare	Credere	Finire	Andare	Cadere
Ho lavorato	Ho creduto	Ho finito	Sono andato/a	Sono caduto/a
Hai lavorato	Hai creduto	Hai finito	Sono andato/a	Sei caduto/a
Ha lavorato	Ha creduto	Ha finito	Sei andato/a	E' caduto/a
Abbiamo lavorato	Abbiamo creduto	Abbiamo finito	E' andato/a	Siamo caduti/e
Avete lavorato	Avete creduto	Avete finito	Siamo andati/e	Siete caduti/e
Hanno lavorato	Hanno creduto	Hanno finito	Siete andati/e	Sono caduti/e

An easy way to remember that the present perfect tense is formed by two verbs is to think you are translating from the English (*I have eaten; we have seen*).

Note that the verbs with an **-isco** ending (such as **finire** – see page 31) also have a regular past participle. Of course, there are some irregular forms. Here are a few:

vedere	visto
prendere	preso
chiudere	chiuso
dire	detto
fare	fatto
decidere	deciso

aprire	aperto
perdere	perso
essere	stato
leggere	letto
bere	bevuto
chiedere	chiesto

As we have seen, most verbs require the auxiliary verb **avere**. However, unlike English verbs, some require **essere**. *_Tony is entered_ is impossible in English, yet in Italian the correct **passato prossimo** is **Tony è entrato**. *_Tony ha entrato_ is impossible.

The past participle preceded by **essere** agrees in gender and number with the subject or object it refers to, just like adjectives with an **–o** ending.

stato	stata
stati	state

Io sono stato a Parigi.	*I have been to Paris.*
Loro sono stati a Parigi.	*They have been to Paris.*

Here are a few verbs that require **essere**. Complete the chart and memorise them in pairs. Note how they have opposite meanings.

andare	
nascere	nato
partire	
entrare	
salire	

venire	
morire	morto
tornare	
uscire	
scendere	

Esercizi

a. Complete the sentences with the the **passato prossimo**
1) Io (perdere) _____ le chiavi di casa.
2) Tu (prendere) _____ qualcosa da bere?
3) Noi stamattina (uscire) _____ presto.
4) Tu (chiedere) _____ qualcosa?
5) Lucia (scendere) _____ di corsa per rispondere al telefono.
6) Loro (passeggiare) _____ tutto il pomeriggio.
7) Giovanna (affittare) _____ un nuovo appartamento.
8) Luca (aprire) _____ la finestra.
9) Questa notte lei (dormire) _____ male.
10) Ieri sera Lei (lavorare) _____ fino a mezzanotte.
11) Carla (bere) _____ un bicchiere d'acqua.
12) Io non (decidere) _____ cosa fare domani.
13) Francesco (cambiare) _____ numero di telefono.
14) Le ragazze (fare) _____ una gita a Firenze.
15) Marco e Lara (essere) _____ al cinema.
16) Loro (ritornare) _____ a casa.
17) Io (andare) _____ a casa.
18) Maria (mangiare) _____ la pasta.
19) Carlo ed io (giocare) _____ a pallone nel campo sotto casa.
20) Loro (camminare) _____ tutto il giorno in giro per la città.

b. Change the verbs from the **presente** to the **passato prossimo**
1) Alberto (arriva) _____ a Firenze con il treno.
2) Luciana (legge) _____ un libro.
3) (Vado) _____ al bar e (ordino) _____ un cappuccino.
4) (Studio) _____ geografia e poi (esco) _____.
5) Tu (vai) _____ in discoteca e (balli) _____.

c. Complete the sentences with the **passato prossimo**
1) Il film (finire) _____ cinque minuti fa.
2) L'anno scorso Paola (venire) _____ in vacanza con noi.
3) Dove tu (andare) _____ ieri pomeriggio?
4) Sharon (nascere) _____ in Scozia nel 1980.
5) A che ora voi (prendere) _____ l'autobus?
6) Lei (scegliere) _____ un vestito nero per la festa.
7) Ieri sera io (bere) _____ troppo vino.
8) Tu (mangiare) _____ troppi dolci.
9) Domenica scorsa noi (andare) _____ al mare.
10) Lui (morire) _____ dopo una lunga malattia.
11) Quando voi (incontrare) _____ suo fratello?
12) Io (studiare) _____ in Italia.
13) Tu (vedere) _____ la TV ieri sera?
14) Lui non (rispondere) _____ alla domanda.
15) Noi (partire) _____ presto per arrivare prima.

Bank of information
Infinitive + Past Participle

Italian	English
muovere - mosso	*to move - moved*

Modal Verbs (I verbi modali)

Modal verbs are very important, as they support (or serve) other verbs, by expressing ability, possibility, permission, willingness, obligation or necessity. **Volere**, **dovere** and **potere** are equivalent to the English *to want (will, would); to have to (shall, should, must, ought to)* and *to be able to (can, could, may, might)*. The verb **sapere**, when it means '*to know how to*' or '*be able to*', is also considered a modal verb.

Here's the present tense:

Volere	Dovere	Potere	Sapere
Voglio	Devo	Posso	So
Vuoi	Devi	Puoi	Sai
Vuole	Deve	Può	Sa
Vogliamo	Dobbiamo	Possiamo	Sappiamo
Volete	Dovete	Potete	Sapete
Vogliono	Devono	Possono	Sanno

- **Volere**

The verb **volere** can be used with nouns and infinitives to express the idea of *want, desire*.

noun	**Voglio una birra.**	*I want a beer.*
verb	**Voglio mangiare.**	*I want to eat.*

It can also express a wish.

Voglio andare in vacanza!	*I want to go on holiday!*

In a question, it can indicate an offer or polite request.

Volete mangiare una pizza?	*Do you fancy a pizza?*
Piero vuole andare al cinema?	*Does Piero want to go to the cinema?*

- **Potere**

The verb **potere** is usually used with infinitives to express possibility (or impossibility).

Possiamo stare a casa.	*We can stay home.*
Non posso studiare.	*I can't study.*

Potere is often used in questions and gives them a politer tone. You can also use this verb to ask for permission.

Può darmi una risposta?	*Could you give me an answer?*
Posso fare una domanda?	*May I ask a question?*

- **Dovere**

Dovere is used with infinitives only. It mainly expresses a necessity, but can also mean *to owe*.

Sara deve fare la spesa.	*Sara must go shopping.*
Gli devo la mia gratitudine.	*I owe him my gratitude.*

Dovere expresses duty:

| Devi rispettare la legge. | You must obey the law. |

as well as suggestions:

| Se vuoi vincere, devi allenarti. | If you want to win, you must train. |

- **Volere**, **dovere**, **potere** may also be used with a non-modal meaning.

Pat vuole bene alla sua famiglia.	Pat loves his family.
Non ne posso più.	I can't take it any more.
Mi devi un favore.	You owe me a favour.

- **Sapere**

As previously mentioned, also **sapere** *(to know)* can act as a modal verb when it means *to know how to, to be able to*.

| So nuotare. | I can swim. |
| Chiara sa cucinare bene. | Chiara can cook well. |

- When answering a question, you need not repeat the infinitive.

| Puoi aspettare Maria? No, non posso. | Can you wait for Maria? No, I can't. |

- Conjugating these verbs in the **passato prossimo**, they will take the auxiliary verb required by the verb they accompany.

Parlare is accompanied by **avere**, so modal verbs with **parlare** will also follow **avere**.

| Ho parlato con Mario. | I have spoken to Mario. |
| Ho dovuto parlare con Mario. | I have had to speak to Mario. |

Uscire, on the other hand, is preceded by **essere**, so:

| Paola è uscita con sua sorella. | Paola has gone out with her sister. |
| Paola è dovuta uscire con sua sorella. | Paola has had to go out with her sister. |

Notice how the past participle agrees with the subject when it follows **essere**.

There are some exceptions, notably when the infinitive that follows is **essere**.

| Sono stato tranquillo. | I have been calm. |
| Ho dovuto essere tranquillo. | I have had to be calm. |

When, however, they are used on their own and the infinitive is understood, for instance when answering a question, they always take **avere**.

Perché sei voluta partire? Perché ho dovuto/perché sono dovuta partire.
Siete riusciti a visitare la città? No, non abbiamo potuto.

Attenzione! these verbs don't have an imperative form and remember to be careful with their meaning in the conditional mood, expressed in English by *would* + infinitive:

Vorrei ...	*I would like to* (in this case do not use the verb **piacere**!)
Dovrei ...	*I should, I ought to*
Potrei ...	*I could, I might*

Esercizi

a. Complete with the correct form of the verb in the **presente**
1) _____ (dovere, io) ritornare a casa alle sette.
2) _____ (dovere, tu) essere più gentile con tua sorella.
3) Paolo _____ (potere) venire con noi sabato.
4) Carlo _____ (volere) partire per il Messico.
5) Scusi, _____ (potere) ripetere?
6) Non _____ (volere, loro) mangiare ora, è presto.
7) Chi di voi _____ (sapere) dirmi che ore sono?
8) Non _____ (sapere, noi) resistere alle tentazioni.

b. Complete with the correct verb in the **presente**
1) Come, tu non _____ nemmeno assaggiarlo?
2) Ragazzi, questa sera _____ andare a mangiare una pizza?
3) Tu _____ accompagnarmi dal parrucchiere oggi alle due?
4) In casa nostra, noi _____ aiutare nostra madre.
5) Hanno bisogno di una seconda macchina, ma non _____ permettersela.
6) Vi accompagno io. A che ora _____ essere all'aereoporto?
7) Lucia _____ essere lì un'ora prima.
8) Perché tu non _____ venire alla festa?

c. Complete with the correct form of the verb in the **presente**
1) Tuo fratello (dovere) _____ prendere l'autobus al mattino presto.
2) Noi non (volere) _____ cambiare idea.
3) Oggi io non (potere) _____ andare al supermercato, non ho tempo.
4) Io (volere) _____ scrivere questa lettera prima di uscire.
5) Giorgio (volere) _____ ascoltare la musica con gli amici.
6) Gli studenti (dovere) _____ essere a scuola alle 8:15.
7) Voi (potere) _____ comprare il biglietto in stazione.
8) Oggi io (dovere) _____ andare a fare la spesa.
9. Voi (dovere) _____ scrivere una lettera ai nonni.
10. C'è la neve e Paolo (volere) _____ andare a sciare.
11. Noi (dovere) _____ studiare la lezione.
12. La signora Maria (dovere) _____ prendere il bus ogni mattina.

d. Choose between **potere** and **sapere**
1) Sai/Puoi nuotare?
2) Oggi non so/posso venire al cinema perché ho da fare.
3) Scusi, può/sa che ore sono?
4) Luigi lavora in Francia ma non sa/può una parola di francese.
5) Potete/Sapete chiamare la polizia? Non ho il telefono.
6) Mia figlia non sa/può venire in piscina perché non sa/può nuotare.
7) Se non vanno in macchina sanno/possono prendere il treno.
8) Non possiamo/sappiamo dove abita Piera.
9) Possiamo/Sappiamo venire a casa tua oggi?
10) Sapete/Potete giocare a bridge domani sera?

Bank of information
Modal verbs expressions

Italian	English
volere è potere	*where there's a will, there's a way*

Simple Prepositions (Le preposizioni semplici)

Prepositions are short words which express ownership, direction, position etc., such as *of*, *over*, *to*, *from* etc. There are nine prepositions in Italian. They are used in a multitude of expressions and cases. Here we will explore only the most relevant.

| di | a | da | in | con | su | per | tra | fra |

- **Di**

The first important meaning of this preposition is *of*, as in a variety of uses:

un bicchiere di vino	*a glass of wine*
la città di Roma	*the city of Rome*
un tipo di musica	*a kind of music*

But Italian also uses **di** in cases in which English would not use *of* :

un bastone di legno	*a wooden stick* (literally: *a stick of wood*)
un topo di campagna	*a country mouse*
i giorni di festa	*the holidays*
il giorno di Natale	*Christmas day*
il lunedì di Pasqua	*Easter Monday*

Di also indicates possession:

| il libro di Paolo | *Paul's book* (literally: *the book of Paul*) |
| la madre di Bob | *Bob's mother* (literally: *the mother of Bob*) |

Di is also used in passive sentences instead of the English preposition *by*:

| un affresco di Michelangelo | *a fresco (painted) by Michelangelo* |
| una sinfonia di Beethoven | *a symphony (composed) by Beethoven* |

and to denote provenece:

| Io sono di Roma. | *I am from Rome.* |
| Paolo è di Berlino. | *Paolo is from Berlin.* |

Di translates *about* after some verbs such as **parlare, discutere, trattare**:

| Mario parla spesso di politica. | *Mario often talks about politics.* |
| Discutiamo di cose inutile. | *We discuss (about) futile things.* |

Di is used in these time phrases:

di sera	*in the evening(s)* (singular in Italian)
di mattina	*in the morning(s)* (singular in Italian)
di solito	*usually*
di nuovo	*again*
di sabato	*on Saturdays* (singular in Italian)
d'estate	*in summer*

Di is used in comparisons (*than*)

Giovanni è più alto di Luigi.	*Giovanni is taller than Luigi.*
Parli italiano meglio di me.	*You speak Italian better than I do.*

Di is also used after certain verbs and adjectives in order to link them to an infinitive:

avere bisogno di	*to need to*
cercare di	*to try to*
capace di	*capable of*
felice di	*happy to*
stanco di	*tired of*

• A (Ad)

When the preposition **a** is followed by another word starting with a vowel, for phonetic reasons it usually changes to **ad**. The first important meaning of this prepositon is *to*:

Mando una lettera a Stefania.	*I'm sending a letter to Stefania.*
Venderò la bicicletta ad Antonio.	*I shall sell the bicycle to Antonio.*

The preposition **a** indicates directions:

a sinistra	*to the left*
a destra	*to the right* (note there is no article)
Tornerò ad Ancona.*	*I shall return to Ancona.*

*use **a** if you are referring to a city, town, village; use **in** for countries and regions

A is used with time frames:

a mezzogiorno	*at midday*
a luglio	*in July*

A translates the English prepositions *at* and *in* when describing places:

a casa	*at home*
a scuola	*at school*
Siamo a letto.	*We are in bed.*
Abito a Milano.	*I live in Milan.*

A can indicate the price of items:

Ho comprato questo libro a tre euro.	*I bought this book for three euros.*

The preposition **a** also links certain verbs to a following infinitive, such as:

continuare a	*to continue to*
stare a	*to remain*
provare a	*to try to*

A links some adjectives to an infinitive, such as:

abituato a	*accustomed to*
attento a	*careful to*
pronto a	*ready to*

A follows the verb **giocare** (*to play*), which in Italian is intransitive (i.e. is not followed by a direct object). No preposisiton is required in English:

giocare a carte	*to play cards*
giocare a tennis	*to play tennis*

A may also translate *on* :

Non è possibile andare a piedi.	*It's not possible to go on foot.*

• Da

Da mainly translates the English *from* :

da Parigi a Vienna	*from Paris to Vienna*
da padre a figlio	*from father to son*

Da can be followed by an infinitive in sentences such as:

Non c'è niente da fare.	*There is nothing (for us) to do.*
Cosa c'è da mangiare?	*What is there (for me) to eat?*

Da may be found in the sequence **essere + da+ infinitive**, i.e. **dovere + essere + past participle**.

Il pacco è da spedire (deve essere spedito).	*The parcel is to be sent.*
L'indirizzo è da verificare (deve essere verificato).	*The address has to be checked.*
Il sistema è da cambiare (deve essere cambiato).	*The system needs to be changed.*

The preposition **da** may also have the same meaning as the preposition *chez* in French:

Rosaria abitava dalla nonna.	*Rosaria used to live at her grandmother's.*
Porto l'auto dal meccanico.	*I'll take the car to the garage.*
C'è una festa da Franco.	*There is a party at Franco's house.*

Da can indicate what something is used for:

campo da golf	*a golf course*
guanti da cucina	*kitchen gloves*
scarpe da sci	*ski boots*
racchetta da tennis	*tennis racket*

Da introduces the agent in a passive sentence:

L'inglese è parlato da quasi tutti.	*English is spoken by most people.*
Marcovaldo è stato scritto da Calvino.	Marcovaldo *was written by Calvino.*

Finally, **da** translates *for* and *since* in sentences such as:

Non lo vedo da mesi.	*I haven't seen him for months.*
Non lo vedo da ieri.	*I haven't seen him since yesterday.*

- **In**

In basically corresponds to the English preposition *in* or *into*:

in certi casi	*in certain cases*
Maria entrò in tre negozi.	*Maria went into three shops.*
Ho sette monete in tasca.	*I have seven coins in my pocket.*

Sometimes it corresponds to English *by* followed by a means of transport:

Arrivarono in automobile.	*They arrived by car.*
un giro in bicicletta	*a ride by bicycle / a bicycle ride*
Attraverseremo il fiume in barca.	*We will cross the river by boat.*

Look at the following:

in macchina	*by car*
in aereo	*by plane*
in moto	*by scooter*
in treno	*by train*
in autobus	*by bus*

but

| a piedi | *on foot* |

Another common Italian use of the preposition **in** is to describe the quantity of people in groups or parties, when only the number is stated:

| Siamo in sette. | *There are seven of us.* |
| Vivono insieme in cinque. | *There are five of them living together.* |

The preposition **in** is also the most commonly used with seasons of the year (the other preposition mentioned above, **di**, is an alternative)

in inverno / d'inverno	*in winter*
in autunno / d'autunno	*in autumn*
in primavera / di primavera	*in spring*
in estate / d'estate	*in summer*

In is used with the material something is made of:

| poltrona in pelle | *leather sofa* |
| mobile in mogano | *mahogany piece of furniture* |

Finally, it indicates where things or people are or are moving to:

in città	*in/to the city - in/to town*
in cucina	*in/to/into the kitchen*
in salotto	*in/to/into the living room*
in chiesa	*in/to church*
in caserma	*in/to the barracks*
in poltrona	*in/into the armchair*
in ufficio	*at/to - in/into the office*
in banca	*at/to - in/into the bank*

in piscina	in/to - into the pool
in discoteca	at/to the disco
in ospedale	in/to hospital
in tribunale	in/to court

• Con
Con translates the English *with* and is used in a very similar way:

Ho comprato il libro con pochi soldi.	I bought the book with little money.
Il bambino era con un adulto.	The child was with an adult.
Scrivo con la penna.	I am writing with a pen.

It is also often used as an alternative to **in** when indicating means of transport:

Torno con il treno.	I'll come back by train. (literally *with the train*)
Andiamo con l'auto?	Are we going by car? (literally *with the car*)

• Per
Per translates *for, to, by*, or even *as*, depending on the meaning:

Ho un biglietto per il teatro.	I have a ticket for the theatre.
Il pacco è per la signora.	The parcel is for the lady.
Dipingevo per puro divertimento.	I painted for pure pleasure.
Lavoravano per i soldi.	They worked for the money.
Tornammo per vedere un amico.	We came/went back to see a friend.
Il treno per Roma è arrivato.	The train for Rome has arrived.
Tieni il bambino per la mano.	Hold the child by the hand.

and, of course:

per favore	*please* (literally, *as a favour*)

• Su
Su commonly means *on* or *over*:

contare su	to count on
giurare su	to swear on
riflettere su	to reflect on
scommettere su	to bet on
L'aereo vola su Firenze.	The plane flies over Florence.

Su may also mean *about* when indicating a topic:

un libro su Roma	a book about Rome
un film su Van Gogh	a film about Van Gogh

• Tra & Fra
Both prepositions translate the English *between* and *among*. Either may be used since the meanings are identical.

tra Pisa e Firenze	between Pisa and Florence
fra i miei amici	among my friends

Tra and **fra** also translate the English *in* when speaking of a length of time in the future:

| L'autobus passerà fra due ore. | *The bus will be here in two hours.* |
| Fra due mesi tornerò a Napoli. | *In two months' time I will return to Naples.* |

To finish this section:

Interestingly:	
Ti aspetto da cinque minuti.	*I have been waiting for you for 5 mins.*
Ti aspetto per cinque minuti.	*I'll wait for you for 5 mins.*
Ti aspetto fra/tra cinque minuti.	*I'll be waiting for you in 5 mins' time.*

There are cases in which prepositions are used in phrases. They are known as **compound prepositions**:

a causa di	*because of*
a destra di	*to the right of*
a sinistra di	*to the left of*
a danno di	*to the detriment of*
a favore di	*in favour of*
a seguito di	*following up on*
al di là di	*on the other side of*
da parte di	*from*
di fronte a	*in front of*
in base a	*on the basis of*
in cambio di	*in exchange for*
in cima a	*on top of*

This is just is a brief overview of simple prepositions - you will have to learn them in detail to be confident about their usage. Prepositions, however, are not only tricky in Italian. Think of the verb *to get* and of how it changes its meaning in *to get in, to get off, to get on, to get out, to get over,* etc. Do remember not to translate literally!

Esercizio

Complete with the correct prepositions (more than one may be correct)
1) Io vado _____ casa _____ piedi.
2) Tu indossi il maglione _____ Mario.
3) Loro tornano _____ Milano _____ il treno.
4) Non ho trovato un hotel e sono andato _____ dormire _____ amici.
5) L'affresco 'L'Ultima Cena' è stato dipinto _____ Leonardo da Vinci.
6) Paul vive _____ Roma _____ tre anni.
7) Questo regalo è _____ te.
8) Vengo _____ casa _____ due minuti.
9) Sei arrivato dopo _____ me.
10) Un bicchiere _____ latte.
11) Questo tipo _____ musica.
12) _____ Parigi _____ Roma.

13) Il latte è _____ frigo.
14) Questo vestito è _____ seta.
15) Ti ho comprato un bracciale _____ argento.
16) Questa sera vado _____ cena _____ il mio ragazzo.
17) _____ quanto tempo vivi _____ quell'appartamento?
18) Paolo è _____ ritardo.
19) Stefano è _____ vacanza _____ Grecia _____ due mesi.
20) I miei cugini vengono spesso _____ cena _____ noi.
21) _____ casa mia c'è un salotto e una camera _____ letto.
22) Roma è abbastanza vicino _____ Napoli.
23) L'aereo _____ Amsterdam parte da Milano alle 8:30.
24) Ho abitato _____ Venezia _____ 3 anni.
25) La banca non è lontano _____ casa mia.
26) Vivo _____ America da molti anni, ma sono _____ Venezia.
27) Secondo me Milano è più bella _____ Firenze.
28) Vivi sempre _____ Sicilia o sei tornato _____ Genova?
29) La città di Ostia non è lontana _____ Roma.
30) Rispondo _____ questa domanda molto volentieri.
31) L'aereo _____ Milano parte da Roma alle sei.
32) Non abito molto lontano _____ casa tua.
33) Noi andiamo _____ mangiare. Venite _____ noi?
34) Ho bisogno _____ un nuovo paio _____ scarpe _____ ginnastica.
35) _____ due settimane vado _____ vacanza; non vedo l'ora!
36) Valerio ha deciso _____ trasferirsi _____ casa _____ Marta.
37) Il fratello _____ Silvia lavora _____ una fabbrica _____ mobili.
38) Anche se sono stanco non riesco _____ dormire _____ la luce accesa.
39) Se hai bisogno _____ parlare _____ me, sono _____ cucina.
40) Vorrei qualcosa _____ fresco _____ bere, _____ favore.
41) Vado _____ Milano, _____ Lombardia, _____ Italia.
42) Anna vuole andare _____ Londra _____ le vacanze _____ Natale.
43) Ho voglia _____ un bel caffé.
44) Il Colosseo si trova _____ Roma.

Articulated Prepositions (Le preposizioni articolate)

There are no articulated prepositions in English. You cannot merge *the* with *at* or *in* and form a new word. In Italian we use them when we need a preposition (because it follows a verb, for example) and need an article after that. For instance,
Abito vicino a + la casa di Piero. → **Abito vicino alla casa di Piero.**
La macchina di Dino è di + il 1998. → **La macchina di Dino è del 1998.**

Di, **a**, **da**, **in**, **su** merge with the definite article. **Con**, **per**, **tra** and **fra** do not.
Complete the table below:

	il	lo	l'	i	gli	la	l'	le
di		dello	dell'		degli		dell'	delle
a	al		all'	ai		alla	all'	
da	dal	dallo		dai	dagli	dalla		dalle
in		nello	nell'		negli		nell'	nelle
su	sul		sull'	sui		sulla	sull'	

Esercizi
a. Complete with the correct articulated prepositions
1) Mia nonna mette il brasato (in+gli) _____ agnolotti.
2) Tu metti limone o latte (in+il) _____ tè?
3) Luca è più alto (di+il) _____ suo amico.
4) Luca è più alto (di+l') _____ amico.
5) Tu preferisci il tè freddo (a+la) _____ pesca o (a+il) _____ limone?
6) Preferite gli spaghetti (a+la) _____ carbonara o (a+il) _____ pesto?
7) Dovete fare lo scontrino (a+la) _____ cassa.
8) Andiamo (a+il) _____ ristorante e poi (a+il) _____ cinema?
9) Tu devi tornare (a+l') _____ albergo (a+le) _____ 9:30?
10) I biscotti (di+la) _____ pasticceria Cimoroni sono i miei preferiti.
11) E tu che cosa pensi (di+i) _____ dolci che fa mia sorella?
12) Quei salatini sono i più buoni (di+il) _____ mondo!

b. Complete with the correct articulated prepositions
1) La banca non è lontana _____ mio ufficio.
2) In mezzo _____ mare c'è un'isoletta non abitata.
3) Ho letto un libro _____ Italia.
4) La porta _____ casa di Mario era chiusa.
5) La camicia è _____ armadio.
6) Sono salito _____ scala per prendere una scatola.
7) Questa notte ho sentito dolori terribili _____ stomaco.
8) Mi piacciono gli spaghetti _____ sugo e la bistecca _____ fiorentina.
9) Le tue chiavi sono _____ tavolo.
10) Preferisco mangiare _____ ristorante.
11) Gli studenti _____ università hanno finito di studiare.

Bank of information
Simple and Articulated Prepositions

Italian	English
nel 2012	*in 2012*

Partitives (I partitivi)

Partitives express an unknown, imprecise or approximate quantity. In English, you use *some, any, a little, a few*. In Italian, there are four different ways of doing this.

- **Gli articoli partitivi** (*Partitive Articles*)

They appear before singular nouns and plural nouns of an unspecified amount. Just like definite articles (see page 21) and articulated prepositions (see page 72), they change according to the gender and number of the noun they acoompany and the first letter/couple of letters of the word following them. For example:

Ho delle cravatte blu. (fp)	*I have a few blue ties.*
Compro dello zucchero. (ms)	*I'll buy some sugar.*
Esco con degli amici. (mp)	*I'm going out with some friends.*

They can be considered the plural form of indefinite article (see page 22).
a table (s) → *some tables* (p)
un tavolo (ms) → **dei tavoli** (mp)

- **Alcuni/e**

Alcuni/e mean *some* or *a few* but can only accompany masculine or feminine plural nouns. They can also be used as pronouns (e.g. **alcuni dicono**, *some say*).

alcuni amici (mp)	*a few friends*
alcune volte (fp)	*some times*
alcuni problem (mp)	*a few problems*
alcune situazioni (fp)	*some situations*

- **Qualche**

Qualche, on the contrary, can only accompany singular nouns, both masculine and feminine, and never changes. It has a plural meaning, so we have:

qualche amico (ms)	*a few friends*
qualche volta (fs)	*some times*
qualche problema (ms)	*a few problems*
qualche situazione (fs)	*some situations*

Attenzione! Alcuni/e and **qualche** can only be used with countable nouns.

- **Un po' di**

Un po' di is short for **un poco di**. Through elision, you drop '-**co**' and substitute it with an apostrophe,<'>, not a stress mark. It is the easiest to use out of the four partitives as it never changes and does not agree in gender and number with the noun it accompanies. The only change is the elision of the '-**i**' in **di** before a vowel.

un po' d'amici (mp)	*a few friends*
un po' di volte (fp)	*a few times*
un po' d'acqua (fs)	*some water*

Esercizi
a. Change **qualche** to **alcuni/e** and the nouns accordingly
1) Ho conosciuto qualche studente americano.
-->Ho conosciuto _____.
2) Voglio chiedere qualche giorno di ferie.
--> Voglio chiedere _____ di ferie.
3) Abbiamo visto qualche bel monumento.
--> Abbiamo visto _____.
4) Ho letto sulla guida qualche notizia interessante su Perugia.
--> Ho letto sulla guida _____ su Perugia.
5) Ho qualche amico in Svizzera.
--> Ho _____ in Svizzera.
6) La famiglia Bianchi ha visitato qualche città italiana.
--> La famiglia Bianchi ha visitato _____.
7) Marco ha qualche problema serio al momento.
--> Marco ha _____ seri al momento.
8) Sono rimasto nel bar solo qualche minuto.
--> Sono rimasto nel bar solo _____.

b. Complete with the correct partitive article
1) Quando abbiamo visitato Roma abbiamo fatto _____ foto bellissime.
2) Quando esci, passa al supermercato a comprare _____ vino.
3) Mi presti _____ soldi per favore?
4) Che cosa è successo? Sul pavimento c'è _____ acqua.
5) In quel negozio vendono _____ abiti eleganti.
6) Roberta è uscita con _____ amiche.
7) In quel negozio mi hanno dato _____ soldi falsi.
8) Se facciamo la festa, io porto _____ spumante.
9) Le strade sono tutte bianche perché è caduta _____ neve.
10) L'insalata va condita con _____ olio di oliva.

c. Write all the possible combinations
problema = dei problemi, alcuni problemi, qualche problema, un po' di problemi
1) volta = _____
2) giorno = _____
3) notte = _____
4) settimana = _____
5) casa = _____
6) gatto = _____
7) tavoli = _____
8) sedie = _____
9) mesi = _____
10) alberi = _____

Bank of information
Partitives

Italian	English
Vorrei dell'acqua.	*I'd like some water.*

Suffixes (I suffissi)

Suffixes are masculine, feminine, singular and plural endings which can be added to nouns and adjectives to modify their meaning. Examples in English are
–*let* (*booklet*); –*ful* (*beautiful*); –*able* (*lovable*); –*ness* (*business*); –*ly* (*recently*). The Italian **suffissi** we will be looking at are those which make people, objects or animals bigger (**-one**), smaller (**-ino**), worse (**-accio**), better (**-etto**), etc.

tavolo	*table*		**tavolino**	*small table*

Adding a suffix at times results in the formation of a wholly different word as in:

carta	*paper*		**cartina**	*map*

Some people use suffixes (**tavolino**). Others prefer using adjectives (**piccolo tavolo**). Adding a suffix is down to personal choice and depends on one's audience, but they are not to be added to words arbitrarily or randomly. It is good to learn how to use them since they are very useful and give colour and flavour to what you wish to say.

scarpa (fs)	*shoe*
scarpina (fs)	*little shoe*
scarpetta (fs)	*little/pretty shoe*
scarpone (ms)	*boot*
scarponcino (ms)	*bootee*

When attaching a suffix to a word and changing its ending, you want to be aware that sometimes its gender may also change:

la carta (fs)	*paper*	**il cartone (ms)**	*cardboard*
la camera (fs)	*room*	**il camerino (ms)**	*dressing room*

To indicate smallness or affection, add **-ino/a/i/e**, **-etto/a/i/e**, **-ello/a/i/e**

ragazzo (ms)	**bacio (ms)**	**albero (ms)**
ragazzino (ms)	**bacetto (ms)**	**alberello (ms)**

For largeness add **–one/a/i/e**

ragazza (fs)	**ragazzona (fs)**

To convey negativity, e.g. ugliness, add **–accio/a/i/e**

ragazzi (mp)	**ragazzacci (mp)**

Out of all the suffixes, **-ata** is the strangest from an English point of view and often does not have a dirtect equivalent. Take, for instance, **la tavolata** (*large table for a meal, company at table*), **la giornata** (*the whole day*), **la serata** (*the whole evening*), **una spaghettata** (*a spaghetti feast*), **la martellata** (*hammer blow*).

You can also combine suffixes as in:

notte (fs)	**nottata (fs)**	**nottataccia (fs)**
scarpa (fs)	**scarpone (ms)**	**scarponcino (ms)**

Bank of information
Suffixes

Italian	English
Hai un bel musetto.	*You have a lovely little face.*

Reflexive Pronouns (I pronomi riflessivi)

With reflexive verbs the action reverts back to the subject. This may happen directly (nutrirsi=*to feed oneself*), indirectly (asciugarsi le mani=*to dry one's hands*) or reciprocally (guardarsi=*to look at each other*). In Italian these verbs are quite commonly used.

These verbs will sometimes have a reflexive English translation (*I wash myself, they enjoy themselves*), but not always:

Non ti preoccupare. *Don't worry.*
Ci vediamo domani. *We'll meet tomorrow.*

Italian reflexive verbs are conjugated just like the non-reflexive ones, but you will have to add the correct reflexive pronoun. They always take the auxiliary verb **essere**.

sing	mi	*myself*
	ti	*yourself*
	si	*himself, herself, itself, yourself*
	Si	*yourself* (formal)
plur	ci	*ourselves*
	vi	*yourselves*
	si	*themselves, yourselves*

Look at the following table of reflexive verbs in the present tense:

lavarsi	muoversi	divertirsi
mi lavo	mi muovo	mi diverto
ti lavi	ti muovi	ti diverti
si lava	si muove	si diverte
Si lava	Si muove	Si diverte
ci laviamo	ci muoviamo	ci divertiamo
vi lavate	vi muovete	vi divertite
si lavano	si muovono	si divertono

As you can see from the table, reflexive pronouns are usually placed before a conjugated verb, but affixed to the end of the infinitive (**lavarsi**), gerund (**lavandosi**) and past participle (**lavatosi**).

If a verb is preceded by a form of **dovere**, **potere**, or **volere**, the reflexive pronoun is either attached to the infinitive or placed before the conjugated verb.

Devo alzar**mi**. / **Mi** devo alzare. *I have to get up.*
Potete seder**vi**. / **Vi** potete sedere. *You may sit.*
Volevi lavar**ti**. / **Ti** volevi lavare. *You wanted to wash yourself.*

Reflexive pronouns may drop the **-i** before a vowel and replace it with an apostrophe.

A casa, m'annoio. *At home, I get bored.*
T'ammali facilmente. *You easily get ill.*

Esercizio

Complete with the appropriate reflexive pronoun and the correct verb form

1) Quanti giorni _____ (fermarsi - voi) a Venezia?
2) Dario e io _____ (conoscersi) da tanti anni.
3) I miei consuoceri, tra di loro, _____ (darsi) del Lei!
4) Complimenti! _____ (esprimersi - voi) davvero bene in italiano.
5) La mia collega arriva sempre in ritardo e neanche _____ (scusarsi)!
6) Spesso _____ (addormentarsi - io) dopo mezzanotte.
7) La mamma, appena arriva a casa, _____ (mettersi) a fare le pulizie.
8) Quando _____ (decidersi - tu) finalmente di smettere di fumare?
9) I bamibini spesso _____ (annoiarsi) se non possono guardare la TV.
10) A che ora _____ (alzarsi - tu) normalmente?
11) (Laurearsi - tu) _____ a giugno o a luglio?
12) (Incontrarsi - noi) _____ a casa di Mario?
13) (Mettersi - tu) _____ la camicia di seta rosa?
14) Ricordati che dobbiamo (alzarsi) _____ alle 7.
15) (Lamentarsi) _____ perché sono stanchi di studiare.
16) (Ricordarsi - tu) _____ di comprare il pane.
17) (Sentirsi - io) _____ bene, ma ho un po' di mal di testa.
18) Signorina, vuole (sederSi - Lei) _____?
19) Carla non _____ mai prima di uscire. (pettinarsi)
20) Voi _____ sempre eleganti. (vestirsi)
21) Il fratello di Paolo _____ Pietro. (chiamarsi)
22) Noi _____ presto la mattina. (alzarsi)
23) Tu _____ a maggio? (sposarsi)
24) Questa sera io _____ il vestito nuovo. (mettersi)
25) Loro _____ una settimana a Firenze. (fermarsi)
26) Pietro e Mario _____ al bar tutti i giorni. (incontrarsi)
27) Voi _____ già conosciuti. (essersi)
28) (Trovarsi - io) _____ molto bene in questa scuola di italiano.
29) Maria non (vergognarsi) _____ mai di quello che fa.
30) Ieri io e Luca (arrabbiarsi) _____ con Filippo.
31) Tra un po' di tempo (abituarsi - tu) _____ al nuovo lavoro.
32) Ieri (mettersi - lei) _____ il cappotto perché faceva freddo.
33) Tu e Marco non (accorgersi) _____ di niente.
34) Devi (asciugarsi) _____ i capelli prima che ti venga mal di testa.
35) Sonia (truccarsi) _____ tutti i giorni con molta cura.
36) Io e Lucia abbiamo deciso di (sposarsi) _____.
37) Laura e Franco non (arrendersi) _____ tanto facilmente.
38) L'altra sera le mie sorelle (annoiarsi) _____ alla festa.

Bank of information
Reflexive Pronouns

Italian	English
Pettinarsi	*To comb one's hair*

Direct Object Pronouns (Pronomi oggetto diretto)

A direct object is the direct recipient of the action of a verb. It answers the question *what?* or *whom?* For example: *I will invite the boys.* Direct object pronouns replace direct object nouns, so we have: *I will invite the boys. I will invite them.* In Italian, direct object pronouns are as follows:

sing	mi	me	*me*
	ti	te	*you*
	lo	lui	*him*
	la	lei	*her*
	La	Lei	*you (formal)*
plur	ci	noi	*us*
	vi	voi	*you*
	li	loro	*them*
	le	loro	*them*

- Direct object pronouns (see column one) are placed immediately before a conjugated verb.

Se vedo i ragazzi, li invito. *If I see the boys, I'll invite them.*
La incontriamo tutti i giorni. *We meet her every day.*

Attenzione! me, te, lui, lei, Lei, noi, voi, loro (see column two) are used for contrastive purposes, as in :
Ti amo *I love you.* but **Amo te, non lui!** *I love you, not him!*

- In a negative sentence, the word **non** must come before the direct object pronoun.
Non la prende. *He doesn't take it.*
Perchè non li chiami? *Why don't you call them?*

- Direct object pronouns are affixed to the end of an infinitive (the final **-e** is dropped) or a gerund.
È una buon'idea invitarli. *It is a good idea to invite them.*
Ricordandola, ha riso. *He laughed remembering her/it.*

- It is possible to elide singular direct object pronouns in front of verbs that begin with a vowel or an **h**. However, the plural forms **li** and **le** are never elided.
M'ama... non m'ama... *He/she loves me... he/she loves me not...*
Le amo tutte. *I love them all/all of them.*

- **Ascoltare, aspettare, cercare, guardare** are used with direct object pronouns in Italian, but their English translations require prepositions *(to listen to, to wait for, to look for, to look at)*.
Lo ascolto sempre. *I listen to it all the time.*
Li sto guardando. *I am looking at them.*

- With a direct object pronoun, the past participle agrees with the object in gender and number.

Hai mangiato la pasta? Sì, l'ho mangiata.
Paola ha visto i suoi fratelli? No, non li ha visti.

Esercizio

Complete with the missing personal pronoun and add the appropriate vowel to the past participle where necessary

1) Hai letto i giornali di oggi? - No, non _____ ho lett___.
2) Mi ami? Ma quanto mi ami? - _____ amo moltissimo!
3) Incontri spesso le tue amiche? - Sì, _____ vedo tutte le settimane.
4) Guardi molto la televisione? - No, _____ guardo solo di sera.
5) Mangi gli spaghetti? - Certo! _____ mangio spessissimo!
6) Conosci bene Antonio? - Sì, _____ conosco bene!
7) Hai incontrato gli amici? - No, non _____ ho incontrat___.
8) Pronto? Mi senti? - Sì, _____ sento benissimo!
9) Mangi le lasagne? - Sì, _____ mangio volentieri.
10) Suoni la chitarra? - Sì, _____ suono abbastanza bene.
11) Hai pagato molto quei libri? - No, _____ ho pagati poco!
12) Aspetti il tram? - Sì, _____ aspetto da parecchio!
13) Hai letto i giornali di oggi? - No, non _____ leggo più.
14) Sai parlare il latino? - Non so parlar_____ perché è inutile!
15) Paolo, hai il giornale? - Sì, _____ ho comprato stamattina!
16) Ho incontrato Sergio e _____ ho invitato a venire alla festa.
17) Gina è una cara amica. _____ ho conosciuta due anni fa all'università.
18) Ho cercato il libro dappertutto, ma non _____ ho trovat___.
19) Ho già scritto la lettera ma non ___ho ancora spedit___.
20) Elena ha comprato gli orecchini - ___ ha comprat___ ieri.
21) Parlo il francese. ___ parlo abbastanza bene.
22) Scrivo una lettera - ___ scrivo adesso.
23) Ho mangiato le lasagne - ___ ho mangiat___.
24) Ho bevuto la grappa. ___ ho bevut___ dopo cena.
25) La mia macchina è rotta, _____accompagni?
26) Se andate in centro, _____ porto io.
27) Cerco le chiavi, ma non _____ trovo.
28) Quella borsa è bella. _____ compro!
29) Siamo in ritardo. Maria _____ aspetta alle tre.
30) Pronto mi senti? Si, _____ sento perfettamente.
31) Ci inviti alla tua festa? Certo che _____ invito.
32) Come vai a casa? _____ accompagna Carlo.
33) Dove mi porta stasera? Signorina, _____ porto fuori a cena.
34) Avete già dato la conferma? Sì, _____ abbiamo già dat___.
35) Dove hai perso l'ombrello? _____ ho perso in treno.
36) Hai visto mio fratello? No, non _____ ho vist___.
37) Hai fatto la spesa? Sì, _____ ho fatt___.
38) Gli studenti hanno capito i compiti? Sì, _____ hanno capit___.

Bank of information
Direct Object Pronouns

Italian	English
Vorrei dell'acqua.	*I'd like some water.*

Indirect Object Pronouns (Pronomi oggetto indiretto)

Indirect object nouns and pronouns answer the questions (for instance) *to whom?, for whom?, with whom?, before whom? after whom?*, i.e. they are introduced by a preposition. In English the prepositions *to* and *for* are often omitted:
We gave a cookbook to Uncle John. → *We gave Uncle John a cookbook.*
We bought some flowers for Jane. → *We bought Jane some flowers.*

In Italian, **a** and **per** are always expressed before an indirect object noun.
Abbiamo regalato un libro di cucina allo zio Giovanni.
We gave a cookbook to Uncle John.
When **a** or **per** accompany a personal pronoun, the choice is between two different forms of the pronoun. It all depends whether the preposition is actually expressed or not.

	mi	me	*me*
	ti	te	*you*
sing	gli	lui	*him*
	le	lei	*her*
	Le	Lei	*you (formal)*
	ci	noi	*us*
plur	vi	voi	*you*
	gli/loro	loro	*them*

- With **mi, ti, gli, le, Le, ci, vi, gli/loro**, prepositions **a** *(to)* and **per** *(for)* are understood and the indirect object pronouns precede the conjugated verb. **Loro** is an exception and follows the verb. **Loro** is the preferred form for the third person plural. However, **gli** is accepted in spoken Italian.

Ti offro da bere.   *I'll buy you a drink.*
Scriviamo loro domani.   *We'll write to them tomorrow.*
Le ho preso tre rose.   *I got her three roses.*

- Indirect object pronouns which follow prepositions (e.g. **a/per/con/prima di/dopo di**) are **me, te, lui, lei, Lei, noi, voi, loro** (see column two):

Vieni con me?   *Are you coming with me?*
Esco dopo di voi.   *I'll go out after you.*

Attenzione! a/per + **me, te, lui, lei, Lei, noi, voi, loro** (see column two) are always used for contrastive purposes, as in:
Ho scritto a voi, non a loro.   *I've written to you, not to them.*
Questo libro è per lei, non per te.   *This book is for her, not for you.*

- Indirect object pronouns **mi, ti, gli, le, Le, ci, vi, gli** (see column one) are affixed to the end of an infinitive (the final **-e** is dropped) or a gerund. **Loro** is an exception and follows the verb.

È bene scrivergli / scrivere loro.   *Writing to them is a good idea.*

Stringendole la mano, Pat la salutò.   *Pat greeted her while shaking hands.*

- If the infinitive is preceded by a form of **dovere**, **potere**, or **volere**, the indirect object pronoun is either attached to the infinitive (the final **-e** is dropped) or placed before the conjugated verb.

Devi scriverle /Le devi scrivere.   *You must write to her.*
Posso darLe /Le posso dare il mio indirizzo?   *May I give you my address?*
Volete parlargli? /Gli volete parlare?   *Do you want to talk to him?*

The following common Italian verbs are used with indirect object nouns or pronouns.

dare	to give
domandare	to ask
insegnare	to teach
mostrare	to show
portare	to bring
regalare	to give (as a gift)

dire	to say
prestare	to lend
telefonare	to telephone
scrivere	to write
preparare	to prepare
rendere	to return, give back

Esercizio
Add the appropriate personal pronoun
1) Lui scrive alla mamma; io non _____ scrivo, _____ telefono!
2) Loro dicono 'Ciao!' al professore; io _____ dico 'Buongiorno!'
3) Lui risponde agli studenti in italiano; io rispondo _____ in inglese!
4) Tu regali dolci a Pierino; io _____ regalo libri!
5) Voi portate dei fiori alla signora: io _____ porto dei cioccolatini.
6) Lei mostra il passaporto al vigile; io _____ mostro la patente.
7) Tu non parli agli stranieri; io parlo _____!
8) Ti piace ballare? - No, non _____ piace per niente.
9) Hai telefonato ai tuoi genitori? - Sì, ho telefonato _____ ieri.
10) Mi dai una penna? – No, ma posso dar_____ una matita.
11) Hai scritto alla signora Laura? - Sì, _____ ho mandato una cartolina.
12) A Paolo piacciono i liquori? - No, ma _____ piacciono molto i dolci.
13) Signora, Le serve qualcosa? - Sì, _____ serve una scheda telefonica.
14) Hai incontrato il professore? - Sì, ma non ho potuto parlar_____.
15) Ti dispiace fare questo per me? - No, non _____ dispiace per niente.
16) Hai parlato ai tuoi genitori? - Sì, _____ ho parlato ieri.
17) Hai parlato ai tuoi genitori? - Sì, ho parlato _____ ieri.
18) Hai scritto a Maria? - Sì, _____ ho spedito una e-mail.
19) A Maria piacciono gli spaghetti? - Sì, _____ piacciono molto.
20) Ti piace Umberto? - No, non _____ piace per niente.
21) Hai telefonato a Marcello? - Sì, _____ ho telefonato ieri.
22) A Gianfranco piace il caffè? - Sì, ma _____ piace solo il caffè nero.
23) Signor Rocco, Le serve qualcosa? - Sì, _____ serve un lavoro nuovo!
24) Luisa _____ ha scritto diverse volte, ma io non _____ ho ancora risposto.
25) Hai telefonato alla segretaria? Sì, _____ ho telefonato.
26) Quando hai risposto ai ragazzi? Ho risposto _____ la settimana scorsa.
27) È una donna molto nervosa, non _____ posso dire nulla.

Bank of information
Indirect Object Pronouns

Italian	English
Le piace viaggiare.	*She likes/you like (formal) travelling.*

Combined Pronouns (Pronomi combinati)

Look at these sentences:
I bought her a present, but forgot to give it to her.
John wrote two letters and wanted to send them to me.
In the first sentence *it* is a direct object pronoun and *her* is an indirect object pronoun. Similarly, in the second sentence, *them* is a direct object pronoun and *me* is an indirect object pronoun. In Italian there is a rule which governs the order in which these pronouns are used, namely: indirect object + direct object. It is as if you were saying '*give to her it*' and '*send to me them*'. This is confusing only at first. Once you get used to this pattern, it becomes much easier to use these pronouns.
When indirect and direct object pronouns combine we get:
mi → me; ti → te; ci → ce; vi → ve followed by **lo/la/li/le**; and
gli/le → glie which combines with **lo/la/li/le**.

Indirect Object Pronouns	Direct Object Pronouns			
	lo (*him/it*)	**la** (*her/it*)	**li** (*them*)	**le** (*them*)
mi (*to me*)	me lo	me la	me li	me le
ti (*to you*)	te lo	te la	te li	te le
gli (*to him*)	glielo	gliela	glieli	gliele
le (*to her*)	glielo	gliela	glieli	gliele
Gli (*to you – formal*)	Glielo	Gliela	Glieli	Gliele
ci (*to us*)	ce lo	ce la	ce li	ce le
vi (*to you*)	ve lo	ve la	ve li	ve le
gli (*to them*)	glielo	gliela	glieli	gliele
Combined Pronouns				

Look at the following:
Non ha il tuo numero di telefono. Glielo mando.
She doesn't have your telephone number. I'll send it to her.
Ha una nuova macchina. Me la fa vedere domani.
He has a new car. He's showing it to me tomorrow.

As with the single pronouns, combined pronouns may be affixed to the end of an infinitive or gerund. In this case the two combined pronouns are co-joined. So we have:
Ti ho comprato una cosa. Quando te la posso dare? / Quando posso dartela?
I've bought you something. When can I give it to you?
He has a new car. He was showing it to me.
Ho una nuovo frigorifero e glielo stavo mostrando /stava mostrandoglielo.

With perfect tenses (e.g. *I have written*), the past participle agrees with the object.
Ho scritto una lettera a Paola. Gliel'ho scritta.
I wrote a letter to Paola. I wrote it to her.
Attenzione! Gliela ho → Gliel'ho. The <'> subtitutes <a>.

Esercizi

a. Add the appropriate combined pronoun
1) Abbiamo già preso il caffè: _____ ha offerto Franca.
2) Questi libri sono tuoi o _____ hanno prestati?
3) Ho scritto una lettera a Marco, ma non _____ ho ancora spedita.
4) Finalmente abbiamo notizie di Luisa: _____ ha date sua madre.
5) Questa penna non l'ho comprata: _____ ha regalata un amico.
6) Oggi pomeriggio devo tornare in ufficio: _____ ha chiesto il direttore.
7) Bella questa foto, Gianni! Chi _____ ha scattata?
8) Siamo sicuri che verrà anche Carla: _____ ha promesso.
9) Hai mai fumate sigarette? Sì, _____ ha fatte provare Giovanni.
10) Non chiedete mai alla mamma come sta; io _____ chiedo sempre.

b. Modify the sentences as in the example (two answers are possible in three cases)
Lisa prepara la cena a suo marito. <u>Lisa gliela prepara</u>.
1) Posso spiegare il problema a voi. _____ / _____
2) Non l' ho potuto dire a Maria. _____ / _____
3) Il profesore ci ha spiegato i pronomi. _____
4) Pietro ti ha fatto vedere la sua nuova macchina? _____
5) Ho comprato un libro a mio figlio. _____
6) Scriviamo una lettera alla ragazza. _____
7) Permettono a Mario di farlo. _____
8) A voi sto dicendo la verità. _____ / _____

c. Add the appropriate combined pronoun
1) Carla ha raccontato a noi la sua vita. _____ ha raccontata.
2) Raccomando a voi di leggere questo libro. _____ raccomando.
3) Il direttore ha consegnato a lei il diploma. _____ ha consegnato.
4) Voglio dire a lui quello che penso. Voglio dir_____.
5) La nonna regala a te un orologio. La nonna _____ regala.
6) Ricordo a loro l'appuntamento. _____ ricordo.
7) Laura scrive a noi la lettera. _____ scrive.
8) Restituiremo a Lei i soldi domani. _____ restituiremo.
9) Io ho offerto la cena a Sergio. _____ ho offerta.
10) Tu hai preparato il pranzo a Gloria. _____ hai preparato.
11) Voi avete raccontato una storia a me. _____ avete raccontata.
12) Hai detto tutto a loro? _____ hai detto?
13) Ho raccontato a loro molte storie. _____ ho raccontate.
14) Non hai dato i soldi a Paola. Non _____ hai dati.
15) Hai mandato i fiori a tua madre? _____ hai mandati?

Bank of information
Combined Pronouns

Italian	English
Me l'hai detto.	*You told me.*

Pronouns Chart (Tabella dei pronomi)

subject	\multicolumn{5}{Personal Pronouns}	Reflexive
	direct (*)	contrastive (**)	indirect (~)	with prep (~~)	combined	
io	mi	me	mi	me	me lo/ me la/ me li/ me le	mi
tu	ti	te	ti	te	te lo/ te la/ te li/ te le	ti
lui	lo	lui	lo	lui	glielo/gliela/ glieli/gliele	si
lei	la	lei	la	lei	glielo/gliela/ glieli/gliele	si
Lei	La	Lei	La	Lei	Glielo/Gliela/ Glieli/Gliele	Si
noi	ci	noi	ci	noi	ce lo/ce la/ ce li/ce le	ci
voi	vi	voi	vi	voi	ve lo/ ve la/ ve li/ ve le	vi
loro	li	loro	li	loro	glielo/gliela/ glieli/gliele	si

(*) **(Lui) mi sta chiamando/(Lui) sta chiamandomi**
He is calling me
(**) **(Lui) sta chiamando me, non te**
He is calling me, not you

(~) **Vi ho spiegato questa regola**
I have explained this rule to you
(~~) **Ho spiegato questa regola a voi, ma non a loro**
I have explained this rule to you, but not to them
Normalmente rientro a casa prima di lui
I usually get home before him

Esercizi
a. Add the appropriate pronouns
1) _____ piace il cappuccino? Si, io _____ bevo tutti i giorni.
2) Ho scritto a Matteo e _____ spedisco la lettera nel pomeriggio.
3) Quando mi restituisci il libro? _____ restituisco al più presto.
4) Se questa sera esci con noi, _____ offriamo la cena.
5) Professore, questa guida di Rimini è molto buona: _____ consiglio.
6) Cosa regali alla mamma per Natale? _____ regalo una collana.
7) Se ti interessa questo disco, _____ presto volentieri.
8) Hai visto i tuoi amici? – No, non _____ ho visti.
9) Sai parlare il greco? – No, ma _____ capisco abbastanza.
10) Ti piace il vino? – Sì, _____ piace molto!
11) Perché tua sorella non viene? – Perché _____ è stancata molto ieri.
12) Cameriere, mi porta un caffè per favore? – Sì signora, _____ porto subito!
13) Hai telefonoato a Carlo? Sì,_____ ho già telefonato.
14) Hai telefonato a Lisa? No, non _____ ho ancora telefonato.
15) Il cane non ha fame: _____ ho dato da mangiare poco fa.
16) Signora, _____ sente bene?
17) Il film che ho visto ieri sera non _____ è piaciuto.
18) Che tipo di film _____ piace di più, signor Neri?
19) Perché Silvia è andata da Carlo? Per chieder_____ un consiglio.
20) Vi piace il mare? Sì, _____ piace.
21) Come _____ chiama, Signorina?
22) Quando venite a Firenze, _____ telefonate?
23) Scusi, dottore, quando _____ posso incontrare?
24) Dov'è Sandra? E' lì, non _____ vedi?
25) Carlo, _____ aspetto domani a casa mia.
26) _____ dispiace proprio di essere arrivati in ritardo!
27) Tua madre _____ stava cercando perché _____ vuole parlare.
28) _____ sono dimenticato le chiavi!
29) Ieri _____ ho chiamati, ma non avete risposto.
30) Fra quanto arrivi? Sono stanco di aspettar_____.
31) Io e Roberto di solito _____ incontriamo alle tre.
32) Mio padre _____ alza presto tutte le mattine.

b. Choose the appropriate pronouns in the following dialogue
- Lo sai che Antonio ha trovato un lavoro?
- Ah, finalmente! Chi (te l' / gliel' / gli) ha detto?
- (Gliel' / Mi / Me l') ha detto sua moglie. (Gliel' / L' / Le) ho incontrata stamattina sull'autobus e (mi / me li / me l') ha dato la notizia.
- Sono contento. L'ultima volta che (ce l' / mi / l') ho visto stava proprio male, poveretto. (Gli / Me li / Mi) aveva chiesto anche dei soldi...
- E tu (gli / li / glieli) hai dati?
- Certo. Era senza lavoro, con una moglie e un figlio da mantenere... Non potevo non prestar (mi / glieli / gli).
- Da quanto tempo era disoccupato?

- Da un anno e mezzo. Prima lavorava per una ditta che produceva cosmetici: profumi, saponi, creme di bellezza, non (te lo / lo / li) sapevi?
- Sì, è vero, lui è laureato in chimica. Ma perché (l' / glielo / gli) hanno mandato via?
- Aveva un contratto di un anno e siccome la ditta non andava molto bene, quando il contratto è scaduto non (gliel' / gli / le) hanno rinnovato.
- Per fortuna adesso ha trovato questo nuovo lavoro. Che cosa (ti / gli / te l') ha detto sua moglie? È un buon posto?
- Sembra di sì. (Gliel' / Lo / L') hanno assunto in una ditta di trasporti.
- Ditta di trasporti? Ma se non ha neanche la patente!

c. Correct the mistakes

Gianna mi ha raccontato di quella volta al mare che gli è capitata una bella avventura. Dunque, era in acqua, sul materassino che prendeva il sole, quando un suo amico, Carlo, le ha buttata in acqua. Lui era sempre stato un ragazzo un po' sciocco, e lei mi è spaventata moltissimo. Insomma, per farla breve, lei non sapeva nuotare e le è messa a urlare; allora sono arrivati Paolo e Francesco che gli hanno salvata. Che paura!

d. Identify which personal pronoun is used, as shown in the example

Mi alzo alle 8.	reflexive
Mi dai un consiglio?	
Mi porti a casa?	
Mi faccio la barba ogni mattina.	
Ti mando al supermercato.	
Ti scrivo quando posso.	
Ti svegli sempre alle 7?	
Maria si diverte sempre in vacanza.	
Signorina, può portarlo in ufficio per favore?	
Marta fa la spesa. La fa ogni giorno.	
Conosci Giulio? Gli piace molto viaggiare.	
Glielo dici tu a Claudia?	
Come si chiama?	
Signora, La vedo molto bene.	
Marco ci telefona domani.	
Lucia ci vuole portare al cinema.	
Ci vediamo alle 6.	
Professore, ci insegna a guidare?	
Ce lo dice Antonio.	
Vi volete bene, ragazzi?	
Andiamo, vi porto a scuola.	
Franco promette di scrivervi tutti i giorni.	
Gli spaghetti? Li mangio sempre!	
Parli loro, per favore?	
Si divertono molto insieme.	
Quando vedi i ragazzi, gliela dici la verità?	

Imperative (Imperativo)

The imperative is used to address people when giving commands or making requests, as it is in English:

Excuse me! **Mi scusi!**
Shut the door, please. **Chiudi la porta, per favore.**

The chart below will help you become familiar with singular and plural endings.

	-are	-ere	-ire -o	-ire -isco
	Parlare	**Credere**	**Dormire**	**Finire**
tu	parla	credi	dormi	finisci
Lei	parli	creda	dorma	finisca
noi	parliamo	crediamo	dormiamo	finiamo
voi	parlate	credete	dormite	finite

The absence of imperative forms for **io** need not be explained. It would in fact be bizarre to impose an order on oneself! In the same way, the absence of **lui**, **lei** and **loro** is explained by the fact that ordering somebody who is not present to do something does not make much sense.

The forms that refer to **noi** are also known as **imperativo esortativo** (*exortative imperative*), more of a suggestion than an order. In English we would use *let's + infinitive*:
parliamo →*let's talk*
crediamo →*let's believe*
dormiamo →*let's sleep*
finiamo →*let's finish*

Andiamo al cinema. *Let's go to the cinema.*
Prendiamo la macchina. *Let's take the car.*

Loro as a formal III person plural personal pronoun is no longer commonly used in spoken Italian. When addressing more than one person formally, simply use **voi**.
Loro sono pronti per ordinare? → **Siete pronti per ordinare?**
Are you ready to order?

• Negative imperative:
When forming the negative imperative we put the adverb **non** in front of the verb for the **Lei**, **noi** and **voi** forms.

(Lei)	Dica la verità!	Non dica la verità!
(noi)	Andiamo a piedi!	Non andiamo a piedi!
(voi)	Bambini, mangiate!	Bambini, non mangiate!

For the **tu** form, however, things are different. We use **non + infinitive**, as in:

| (tu) | Ascolta tua nonna. | Non ascoltare tua nonna. |

• Pronouns with an **imperativo**:

When the imperative is accompanied by a pronoun, the latter is affixed to the end of the verb in the **tu**, **noi** and **voi** forms.

(tu)	**Finiscilo!**	*Finish it!* (direct object)
(tu)	**Raccontami!**	*Tell me!* (indirect object)
(noi)	**Alziamoci!**	*Let's get up!* (reflexive)
(voi)	**Scrivetegliela.**	*Write it to him/her/them.* (combined)

But with the **Lei** form, pronouns always precede it:

(Lei)	**Lo finisca!**	*Finish it!* (direct object)
(Lei)	**Mi racconti!**	*Tell me!* (indirect object)
(Lei)	**Si alzi!**	*Get up!* (get up)
(Lei)	**Gliela scriva.**	*Write it to him/her/them.*(combined)

Attenzione!
Stress falls on the same syllable whether there is a pronoun or not, i.e.:
alza! alzati! (**alzati** means *lifted*, not *get up!*) (see page 8)
finiamo! finiamolo!
scrivete! scrivetegliela!

• Pronouns (direct object, indirect object, reflexive or combined) with an **imperativo negative**.

When a negative imperative is accompanied by a pronoun, the latter precedes the verb in the **Lei** forms.

(Lei)	**Non lo finisca!**	*Don't finish it!*
(Lei)	**Non le racconti!**	*Don't tell her!*
(Lei)	**Non si alzi!**	*Don't get up!*
(Lei)	**Non gliela scriva!**	*Don't write it to him/her/them*

When the negative imperative is accompanied by a pronoun, the latter is affixed to the verb in the **noi** and **voi** forms.

(noi)	**Non finiamolo!**	*Don't let us finish it!*
(noi)	**Non raccontiamole!**	*Don't let us tell her!*
(noi)	**Non alziamoci!**	*Don't let us get up!*
(noi)	**Non scriviamogliela!**	*Don't let us write it to him/her/them*

(voi)	**Non finitelo!**	*Don't finish it!*
(voi)	**Non raccontatele!**	*Don't tell her!*
(voi)	**Non alzatevi!**	*Don't get up!*
(voi)	**Non scrivetegliela!**	*Don't write it to him/her/them!*

When the negative imperative is accompanied by a pronoun, the latter may precede or be affixed to the verb in the **tu** forms:

(tu)	**Non finirlo!**	**Non lo finire!**	*Don't finish it!*

(tu)	**Non raccontarmi!**	**Non mi raccontare!**	*Don't tell me!*
(tu)	**Non alzarti!**	**Non ti alzare!**	*Don't get up!*
(tu)	**Non scrivergliela!**	**Non gliela scrivere!**	*Don't write it to him/her/them!*

• Irregular imperative:
Some of the irregular verbs are the 'usual suspects', but their imperative forms are worth mentioning as they are quite different from other verb forms.

	Essere	**Avere**	**Dire**	**Fare**	**Andare**	**Stare**	**Dare**
(tu)	sii	abbi	di'	fai/fa'	vai/va'	stai/sta'	dai/da'
(Lei)	sia	abbia	dica	faccia	vada	stia	dia
(noi)	siamo	abbiamo	diciamo	facciamo	andiamo	stiamo	diamo
(voi)	siate	abbiate	dite	fate	andate	state	date

• Monosyllabic imperative:
When the **tu** imperative form of the irregular verbs above is accompanied by a pronoun, the apostrophe is deleted, verb and pronoun are co-joined, and the first letter of the pronoun is doubled:

da' a me la penna	dammi la penna
di' a noi come è andata	dicci come è andata
sta' a sentire me	stammi a sentire
fa' a lei questo favore	falle questo favore

but

| di' a lui /a loro/loro | digli |

Esercizi
a. Complete with the verb in the **imperativo**
1) Giulia, _____ (aprire-tu) la finestra, per favore.
2) Ragazzi, _____ (cercare-voi) di non tornare molto tardi!
3) Che confusione! _____ (mettere-tu) a posto le tue cose subito.
4) Non dobbiamo avere paura. _____ (andare -noi)!
5) _____ (ascoltare-tu), ma perché non chiedi aiuto a qualcuno?
6) _____ (parlare-voi) più forte, non capisco niente.
7) _____ (smettere-tu) di dare fastidio ai nostri vicini.
8) _____ (accompagnare-noi) Laura alla stazione.
9) _____ (chiamare-tu) Andrea per sapere a che ora arriva.
10) _____ (guardare-Lei) avanti altrimenti cade!
11) _____ (stare-voi) attenti quando attraversate la strada.
12) _____ (fare-tu) presto, dobbiamo uscire.
13) _____ (offrire-tu) qualcosa da bere agli ospiti!
14) _____ (comprare-noi) un nuovo televisore, ti prego!
15) _____ (preparare-tu) la valigia perché domani partiamo.
16) _____ (leggere -voi) questo libro; è bellissimo.

b. Change the **infinito** into the appropriate **imperativo** (**Lei** – formal)
1) Signora, _____ (venire).
2) Signora, _____ (accomodarsi), prego!
3) Signora, _____ (bere) qualcosa, senza complimenti!
4) Signora, _____ (prendere) anche una caramella.
5) Signora, _____ (dire), desidera altro?
6) Signora, _____ (andare) dritto fino al semaforo.
7) Signore, _____ (lasciare) stare il mio cane!
8) Signore, _____ (uscire) immediatamente!
9) Signore, _____ (mangiare) qualcos'altro!
10) Signorina, ci _____ (dare) il Suo numero si telefono.

c. Change the **imperativo** as in the example
Da' (a me) _____ il libro! Dammi il libro!
1) Fa' (a noi) _____ un piacere!
2) Sta' (a lui) _____ vicina!
3) Sta' (a noi) _____ lontano!
4) Di' (a me) _____ la verità!
5) Da' (a lui) _____ quel che vuole.
6) Da' (a lei) _____ qualcosa da mangiare.
7) Fa' (a loro) _____ capire la situazione.
8) Da' (a noi) _____ un po' più di tempo.
9) Sta' (a lei) _____ vicino e aiutala!
10) Di' (a loro) _____ quale preferisci.

d. Make these sentences negative
1) Sergio, va' a casa. _____
2) Signora Verdi, stia qui. _____
3) Ragazzi, andiamo al cinema! _____
4) Bambini, fate colazione. _____
5) Maria, ascolta quello che dice. _____
6) Signorina, parli ad alta voce. _____
7) Filippo, parti adesso, per favore. _____
8) Amici miei, cercate di capirlo. _____

e. Make these sentences affirmative
1) Signore, non si fermi qui.
2) Signorina, non apra la finestra.
3) Pietro, non usare il computer.
4) Ti prego, non telefonarmi.
5) Per piacere, non guardarmi.
6) Non scrivere a Roberto.
7) Non abbattete quell'albero.
8) Non bere quell'acqua.

Bank of information
Imperative

Italian	English
Diglielo	*Tell him (tell it to him)*

Imperfect Tense and Simple Past Tense (Imperfetto e passato remoto)

The **imperfetto** tense is used to describe actions or conditions in the past lasting an indefinite time, a habit or a 'background' situation. It is also used in sentences with a time element introduced by *for* or *since*.

Regular verbs are conjugated as the four examples in the table. **Essere** and **avere** are irregular:

-are	-ere	-ire	
Parlare	**Credere**	**Partire**	**Finire**
parl**avo**	cred**evo**	part**ivo**	fin**ivo**
parl**avi**	cred**evi**	part**ivi**	fin**ivi**
parl**ava**	cred**eva**	part**iva**	fin**iva**
parl**avamo**	cred**evamo**	part**ivamo**	fin**ivamo**
parl**avate**	cred**evate**	part**ivate**	fin**ivate**
parl**avano**	cred**evano**	part**ivano**	fin**ivano**

Essere	**Avere**
ero	avevo
eri	avevi
era	aveva
eravamo	avavamo
eravate	avevate
erano	avevano

This tense has five equivalents in English:

1) simple past
Da bambina abitavo a Torino.
I lived in Torino as a child.
2) past continuous (*was/were + -ing*)
Mentre attraversavo (stavo attraversando) la strada ho visto tuo fratello.
While I was crossing the road, I saw your brother.
3) would + infinitive
Ted non mangiava banane, ma ora gli piacciono.
Ted wouldn't eat bananas, but he likes them now.
4) used to
Pat fumava un pacchetto al giorno, ma ha dovuto smettere di fumare.
Pat used to smoke a packet a day, but she has had to give up smoking.
5) had + past participle (followed by *for* or *since*).
Non la vedevo da due mesi, da Pasqua, ma poi, ieri, l'ho incontrata per puro caso.
I had not seen her for two months, since Easter, but then, yesterday, I met her quite by chance.

Here are more examples of the **imperfetto** translated with a simple past tense in English.

Giocavo a calcio ogni pomeriggio.	*I played soccer every afternoon.*
Credevano sempre a tutto.	*They always believed everything.*
Volevamo andare in Italia.	*We wanted to go to Italy.*
Il cielo era sempre blu.	*The sky was always blue.*

As a rule of thumb, if the simple past in English (e.g. *went*) can be substituted by the past progressive (e.g. *was /were going*) or by the periphrasis *used to* (e.g. *used to go*), then you will need the **imperfetto** in Italian. For example:

Pat sat in the shade, while I sat in the sun.
sat = was sitting
Pat sedeva all'ombra, mentre io sedevo al sole.

We met once a week.
met = used to meet
C'incontravamo una volta alla settimana.

but

I saw Ted yesterday.
In this sentence, *saw* cannot be substituted by *was seeing* or *used to see*. So what we have in Italian is:
Ieri ho incontrato Ted. 'incontravo' is wrong in this case.

So far you have met with two tenses to express actions or conditions in the past, the **passato prossimo** (see page 58) and the **imperfetto**. The **passato remoto**, the simple past tense, is used nowadays mainly to describe actions and conditions in a detached way, when the 'speaker/writer' is not involved. That is to say, in a third-person narrative, as would be the case in a short story, a novel, an article or a report:
Anna e Gianni avevano litigato.
Anna and Gianni had quarrelled.
Il giorno dopo, Anna uscì, vide Gianni e attraversò la strada senza salutarlo.
The next day, Anna went out, saw Gianni and crossed the road without saying hello to him.
Più tardi, a casa, disse a Filippo: " Oggi ho visto Gianni, ma
Later, at home, she said to Filippo: "I saw Gianni today, but
ho attraversato la strada senza salutarlo."
I crossed the road without saying hello to him."

Note that in the third-person narrative, **uscì** (*went out*), **vide Gianni** (*saw Gianni*), **attraversò la strada** (*crossed the road*), **disse a Filippo** (*said to Filippo*) the verbs must be in the **passato remoto**, simple past tense, as they are in English. The **passato prossimo**, present perfect tense, (**ho visto, ho attraversato**) is used by Anna when relating to Filippo what happened that morning (first-person narrative).

Esercizi
a. Add the appropriate form of the **imperfetto**
1) Mentre Joanna (dormire) _____, Marco (lavorare) _____.
2) Paola l'anno scorso (andare) _____ a ballare tutte le sere.
3) Quando (essere - noi) _____ piccoli (andare - noi) _____ spesso in Francia in vacanza.

4) Il telefono ha squillato mentre (scrivere - io) _____ una lettera.
5) Napoleone non (essere) _____ alto, ma (avere) _____ un carattere molto forte.
6) Da bambina (mangiare - io) _____ molta frutta.
7) Mia sorella (cantare) _____ in un coro.
8) Una volta noi (essere) _____ molto amici.
9) Da piccolo non (finire - io) _____ mai il cibo nel piatto.
10) Quando abitavo con i miei genitori, non _____ (uscire) mai la sera.
11) Lo studente che non (studiare) _____ mai (essere) _____ pigro.
12) Mentre (camminare) _____, ho visto un incidente.
13) (Passeggiare - io) _____ da solo e ho incontrato Maria.
14) La matematica non mi (piacere) _____.
15) Non (potere - tu) sapere dove (abitare - lui).

b. Choose between **imperfetto** and **passato prossimo**
1) Ieri ti (ho telefonato / telefonavo), ma non (eri / sei stata) a casa.
2) Ieri (sono andata / andavo) al matrimonio di Ornella e Piero; (c'erano / ci sono stati) un'ottantina di invitati.
3) Al matrimonio (ci sono stati / c'erano) Livio e Silvana perché (sono stati / erano) i testimoni degli sposi.
4) (Siamo andati / Andavamo) a dormire perché (abbiamo avuto / avevamo) sonno.
5) Io (sono nato / nascevo) a Roma.
6) Benigni (ha vinto / vinceva) il premio Oscar per il suo film "La vita è bella".
7) (Ho cominciato / Cominciavo) a fumare quando (ho avuto / avevo) 16 anni.
8) (Ho vissuto / Vivevo) tutta la vita in questa città.
9) Silvio ha conosciuto Federico quando (è stato / era) ragazzo.
10) Hai letto quel libro quando (sei stata / eri) studente?
11) La Juventus (ha vinto / vinceva) molte volte il campionato di calcio italiano.
12) (Ho telefonato / Telefonavo) a Paolo almeno venti volte.
13) Maria non (ha visto / vedeva) Carlo da una settimana.
14) Poi, ieri, Maria (ha incontrato / incontrava) Carlo per puro caso.
15) Non (sono mai stato / stavo mai) in Olanda.

c. Add the **imperfetto** or the **passato prossimo**
- L'anno scorso noi _____ (andare) in vacanza in Italia per due mesi. Ogni sera _____ (cenare) fuori e _____ (fare) delle lunghe passeggiate. Noi _____ (fare) tante foto nelle piazze e _____ (vedere) molti musei. _____ (essere) una bellissima vacanza, mi _____ (divertire) molto, ma, mamma mia, quanti soldi _____ (spendere)!

- Quando (io abitare) _____ a Roma, (fare) _____ sempre tardi la notte: quasi ogni sera (cenare) _____ alle 10 con gli amici. Io (cucinare) _____ e loro mi (aiutare) _____ a sistemare la tavola dopo aver mangiato.

Bank of information
Imperfetto

Italian	English
Guardavo la TV	*I was watching / used to watch TV*

Future Tense (Futuro)

Che sarà, sarà — what will be, will be! The future tense in Italian expresses an action that will take place in the future. In English the future is expressed with the auxiliaries *will/shall* + the infinitive, with *am/is/are +ing*, with the phrase *to be going to* + the inifinitive. In Italian it is a verb ending which marks the action as being set in the future. For example:

| **Alla fine del mese partirò per Roma.** | *At the end of the month, I will leave for Rome.* |

Interestingly, the future tense in Italian can also express uncertainty, as in:

| **Le chiavi saranno in cucina.** | *The keys could /may be in the kitchen.* |

Regular verbs are conjugated as shown in the table. Be sure to remove the infinitive ending and add the whole future ending written in bold. **Essere** and **avere** are irregular:

-are	-ere	-ire	
Parlare	Credere	Partire	Finire
parl**erò**	cred**erò**	part**irò**	fin**irò**
parl**erai**	cred**erai**	part**irai**	fin**irai**
parl**erà**	cred**erà**	part**irà**	fin**irà**
parl**eremo**	cred**eremo**	part**iremo**	fin**iremo**
parl**erete**	cred**erete**	part**irete**	fin**irete**
parl**eranno**	cred**eranno**	part**iranno**	fin**iranno**

Essere	Avere
sarò	avrò
sarai	avevi
sarà	avrà
saremo	avremo
sarete	avrete
saranno	avranno

Some grammar books suggest learners should change the ending of the infinitive for the first conjugation from **-a** to **-e** and then add the ending **-rò**. It is, however, much easier to remember to remove the whole ending of the infinitive **-are** and add the ending for the future **-erò**.

Modal verbs are irregular:

Volere	**Dovere**	**Potere**	**Sapere**
Vorrò	Dovrò	Potrò	Saprò
Vorrai	Dovrai	Potrai	Saprai
Vorrà	Dovrà	Potrà	Saprà
Vorremo	Dovremo	Potremo	Sapremo
Vorrete	Dovrete	Potrete	Saprete
Vorranno	Dovranno	Potranno	Sapranno

Other irregular verbs have very similar patterns:
andare (*to go*): **andrò, andrai, andrà, andremo, andrete, andranno**
bere (*to drink*): **berrò, berrai, berrà, berremo, berrete, berranno**
cadere (*to fall*): **cadrò, cadrai, cadrà, cadremo, cadrete, cadranno**
fare (*to do, to make*): **farò, farai, farà, faremo, farete, faranno**
vedere (*to see*): **vedrò, vedrai, vedrà, vedremo, vedrete, vedranno**
vivere (*to live*): **vivrò, vivrai, vivrà, vivremo, vivrete, vivranno**

Esercizi

a. Change the **infinito** into the appropriate **futuro**
1) Carlo e Maria (fare) una gita. _____
2) Noi (visitare) i laghi. _____
3) Giulio (giocare) a tennis. _____
4) Voi (andare) a vedere la partita. _____
5) Sara (studiare) in biblioteca. _____
6) Nicola (dare) una festa. _____
7) Andrea (pulire) la sua camera. _____
8) I professori (interrogare) gli alunni. _____
9) Io (andare) a lavorare alle otto. _____
10) Ahmed (tornare) in Marocco. _____

b. Change the **presente** into the appropriate **futuro**
1) Parto da sola perché mi diverto di più. _____
2) Domani cucino tutto il giorno. _____
3) La prossima settimana arriva Piera. _____
4) Domani sera torniamo tardi. _____
5) Dopodomani finisce la scuola. _____
6) Il prossimo mese smettono di fumare. _____
7) Venerdì sera prepari una cena a base di pesce. _____
8) Stasera faccio una bella macedonia. _____
9) L'anno prossimo vi comprate la macchina nuova. _____
10) I miei genitori arrivano tra un'ora. _____

c. Change the **infinito** into the appropriate **futuro**
1) arrivare (I sing) _____
2) fare (II plur) _____
3) prendere (II sing) _____
4) partire (III sing) _____
5) pagare (I plur) _____
6) dare (I sing) _____
7) essere (I sing) _____
8) avere (II sing) _____
9) potere (III sing) _____
10) sapere (III sing) _____
11) dovere (I plur) _____
12) vedere (III plur) _____
13) volere (II sing) _____
14) bere (I plur) _____
15) rimanere (I sing) _____
16) mancare (II plur) _____
17) venire (I sing) _____

Bank of information
Futuro

Italian	English

To Like (Piacere a...)

I like wine is a pretty straightforward statement. Translating it into Italian, unfortunately, is not straightforward at all. This is because the English is to be turned upside down, as it were, or, rather, back to front, and in Italian:
-the subject *I* becomes the indirect object *to me*
-the direct object *wine* becomes the subject of the verb **piacere a...**
Piacere a... actually means *to be pleasing to...*

In the chart hereunder, please note the subject of each sentence (**Filippo, gli scampi, le riviste** and **leggere**) appears after the verb, not before it.

Indirect object	Verb	Subject
A me (mi)	piace	Filippo
A Giorgio	piacciono	gli scampi
A lei (le)	piacciono	le riviste
A mia nonna	piace	leggere*

Now let us look at *He likes vegetables*. There is a subject (*he*) who *likes/is fond of/enjoys something* i.e. the direct object (*vegetables*). In Italian, think of *He likes vegetables* as being → *Vegetables are pleasing to him*.
Gli piacciono le verdure / le verdure gli piacciono or
a lui piacciono le verdure / le verdure piacciono a lui

If you want to say you like something in Italian, you must remember to consider whether
I) you like something singular:

A me piace (mi piace) A te piace (ti piace) A lui piace (gli piace) A lei piace (le piace) A Lei piace (Le piace) A noi piace (ci piace) A voi piace (vi piace) A loro piace (gli piace)	+ singular common or proper noun or + infinitive verb*	**A me piace la pasta** **A lei piace Londra** **A voi piace ballare***

Attenzione! *At times it is more appropriate to translate the verb **piacere** with *enjoy*
A mia nonna piace leggere → *My grandmother enjoys reading*
A voi piace ballare → *You enjoy dancing*

Attenzione! * The verb **piacere** is singular even when one likes/enjoys doing more than one thing.
I like/enjoy eating and sleeping. → *Eating and sleeping are pleasing to me.*
Mi piace mangiare e dormire.

or whether you like
II) something plural:

A me piacciono (mi piacciono) A te piacciono (ti piacciono) A lui piacciono (gli piacciono) A lei piacciono (le piacciono) A Lei piacciono (Le piacciono) A noi piacciono (ci piacciono) A voi piacciono (vi piacciono) A loro piacciono (gli piacciono)	+ plural common or proper noun	**A me piacciono i cani** **A noi piacciono i tuoi amici**

Esercizi

a. Add the appropriate form of the **presente** of the verb **piacere**

1) Mi _____ il calcio.
2) A te _____ gli animali.
3) Le _____ divertirsi?
4) Ci _____ il gelato.
5) A Luisa _____ i gatti.
6) A Marco _____ mangiare e dormire.
7) A noi _____ gli sport invernali.
8) Vi _____ andare in Italia in vacanza?

When using the verb **piacere**, you will mostly use it in these two forms (**piace** and **piacciono**). However, in order to give you a complete picture, it is an irregular verb and its conjugation in the **presente** is the following:

io piaccio	*I am pleasing*
tu piaci	*you (singular) are pleasing*
lui/lei piace	*he/she is pleasing*
Lei piace	*you (formal) are pleasing*
noi piacciamo	*we are pleasing*
voi piacete	*you (plural) are pleasing*
loro piacciono	*they are pleasing*

Winding up:
Sarah likes them is **Loro piacciono a Sarah**. Let us see why:
Sarah likes them → *they are pleasing to Sarah* → **Loro piacciono a Sarah**
In English: SUBJECT (*Sarah*) + VERB (*likes*) + DIRECT OBJECT (*them*)
In Italian: SUBJECT (**Loro**) + VERB (**piacciono**) + INDIRECT OBJECT (**a Sarah**)
Attenzione!
Mi piaci → *I like you* (*YOU are pleasing TO ME*)
Ti piaccio → *You like me* (*I am pleasing TO YOU*)

b. Translate the following sentences into Italian

1) I like fish, but fish doesn't like me. _____
2) Paolo likes you (plural) a lot. _____
3) They like me, but I don't like them. _____
4) I like you. Do you like me? _____

Like any verb, **piacere** can be conjugated in any tense. In perfect tenses, such as the **passato prossimo** (present perfect), **essere** is the auxiliary verb required. The past participle will always agree with the <u>subject</u>:
A Marco è piaciut<u>o</u> il libro. (ms)
Ci è piaciut<u>o</u> viaggiare. (ms) The infinitive is considered masculine singular.
Mi è piaciut<u>a</u> la bistecca. (fs)
Non mi sono piaciut<u>i</u> gli spaghetti. (mp)

Here are some other examples of **piacere**:
Futuro: **Ti <u>piacerà</u> andare in Italia.** → *You will enjoy going to Italy.*
Imperfetto: **Mi <u>piaceva</u> nuotare ogni giorno.** → *I enjoyed (used to enjoy) swimming every day.*
Condizionale*: **Vi <u>piacerebbe</u> quella mostra.** → *You would enjoy that exhibition.*
Condizionale passato**: **Vi <u>sarebbe piaciuta</u> la mostra.** → *You would have enjoyed the exhibition.*

As already mentioned:
piacere + infinito = *like* + *-ing* form
Mi piace cantare. → *I like singing.*
however:
Attenzione!
* piacerebbe + infinito = *would like* + *to* + infinitive
Ci piacerebbe rivedervi. → *We would like to see you again.*
** sarebbe piaciuto + infinito = *would have liked* + *to* + infinitive
Ci sarebbe piaciuto rivedervi. → *We would have liked to see you again.*

c. Write sentences using **piacere** in the **presente**
1) Paolo / fare shopping. → _____
2) io / le patate. → _____
3) voi / casa mia. → _____
4) loro / l'Italia. → _____
5) lei / sempre le lasagne di sua mamma. → _____

d. Write sentences using **piacere** in the **passato prossimo**
1) tu / la pizza? → _____
2) lui / le pesche. → _____
3) lo zio / il tour della città. → _____
4) voi / il programma ieri sera? → _____
5) Lei / gli scampi. → _____

e. Add **piacere** in the **passato prossimo**
1) Vi _____ il viaggio?
2) A me _____ volare con Alitalia.
3) Ti _____ le belle chiese?

4) A voi _____ la cucina italiana?
5) Maria, ti _____ le foto?
6) Non mi _____ la folla all'aeroporto!
7) Ci _____ le ville romane.
8) Vi _____ la campagna toscana?
9) A Giorgio _____ cucinare le penne al salmone.
10) Ti _____ la vacanza?

f. Translate the following sentences into Italian
1) We like spaghetti. → _____
2) Marco, do you like pop music? → _____
3) I didn't like that book. → _____
4) Massimo likes driving fast. → _____
5) He liked my presentation. → _____
6) Did you like my presentation? → _____
7) I think you will like this book. → _____
8) We like watching television. → _____
9) They would like to meet you. → _____
10) Fred used to like walking and swimming. → _____

g. Translate the following sentences into English
1) Ti piace quel quadro? → _____
2) A loro non piacevano le Alpi. → _____
3) Ti è piaciuta la loro idea? → _____
4) Il formaggio davvero non mi piace. → _____
5) Sono sicura che ci piaceranno. → _____
6) Non sono sicuro che ti piacerà. → _____
7) A Tony piacerebbe vedermi domani pomeriggio. → _____
8) Non so se le piacerà. → _____
9) Signora, Le piacerà la Sua stanza. → _____
10) Non mi piace il gelato al limone. → _____

h. Spot the mistake and correct it
1) Maria piace Parigi. → _____
2) Loro piacevano ballare. → _____
3) Filippo non piace il calcio. → _____
4) Noi non piace uscire la sera. → _____
5) Me piacciono le tue scarpe. → _____
6) Mi piacevano leggere e studiare. → _____
7) Mia nonna non piace gli spaghetti. → _____
8) Mio zio piaceva i Beatles. → _____

Bank of information
Piacere

Italian	English

Comparatives (I comparativi)

This tower is as tall as that one. Maria is smarter than Guido. They have less time to spare than you have. There are a number of ways to compare entities in English and the same is true for Italian. In Italian there are no comparison endings, as there are in English (e.g. *smarter*). Comparison is expressed in a variety of rather complex ways. Here, only the more simple and straightforward have been singled out.

Comparatives of Equality (I comparativi di ugualianza)

- When comparing adjectives and adverbs the word **come** is used.

Mio figlio è alto come me.	*My son is as tall as I am.*
Gigi è grasso come sua zia.	*Gigi is as fat as his auntie.*
Correva velocemente come Ted.	*He was running as fast as Ted.*

Attenzione! with the adverbs *early, soon, late*, etc:
as early as possible = **il più presto possibile**
as soon as possible = **il più presto possibile / quanto prima / al più presto**
as quietly / softly as possible = **il più piano possibile**
as loud as possible = **il più forte possibile**

- When two qualities referring to one single entity are being compared, the word pair **tanto...quanto** is used. **Tanto** is often omitted. Likewise when comparing verbs.

Pat è (tanto) furbo quanto intelligente.	*Pat is as cunning as clever.*
Luigi mangia (tanto) quanto Giorgio.	*Luigi eats as much as Giorgio.*

- When comparing nouns, the word pair **tanto...quanto** is used, but **tanto** must agree in number and gender with the noun it refers to.

Ho tanto denaro quanto te.	*I have as much money as you.*
Hai mangiato tanta minesta quanto loro.	*You had as much soup as them.*
Ha tanti capelli quanto Maria.	*She has as much hair as Maria.*
Scrivete tante lettere quanto Pietro.	*You write as many letters as Pietro.*

Comparatives of Inequality (I comparativi di maggioranza e minoranza)

Più... and **meno...** are the words used to describe *more, less, fewer*. The English word *than* is translated in two very different ways.

1) **di/del/dello/della/dell'/dei/degli/delle** are used

- when one quality is being compared between two entities:

Marco è più alto dei suoi compagni.	*Marco is taller than his mates.*
Gianni è meno intelligente di Maria.	*Gianni is less intelligent than Maria.*
Anna ha meno soldi del previsto.	*Anna has less money than expected.*

- before a number:
Vive là da meno di due mesi. *He's been living there for less than two months.*

2) **che** is used
- when two qualities referring to one single entity are being compared:
Pat è più furbo che intelligente. *Pat is more cunning than clever.*

- before a preposition
Frank è più interessato al cinema che alla lettura.
Frank is more interested in cinema than in reading.

- when the second item is translated with an infinitive in Italian.
A Tom piace pattinare più che sciare. *Tom likes skating more than skiing.*
Preferiamo stare a casa che uscire. *We'd rather stay at home than go out.*

Esercizio
Translate the following sentences into Italian

1) Mario is more handsome than Davide.

2) Smoking is as harmful as alcohol.

3) September is a shorter month than December.

4) I would rather watch a film than read a book.

5) He earns much less than £1,000 a month.

6) Josh speaks more than three languages.

7) You are less patient but more competent than Phil.

8) The hotel in the park was as expensive as the one on the beach.

9) He is rather deaf. Please speak as loud as possible

10) Peter is more interested in sun-bathing than swimming.

Superlatives (I superlativi)

Relative Superlative (Il superlativo relativo di maggioranza e di minoranza)

This tower is the tallest in the village. Maria is the most beautiful girl I know.
The tallest and *the most beautiful* are called *relative superlatives*.

This is the word-order pattern in which the relative superlative form of adjectives appears in Italian:

| il/lo/la/l'/ i/gli/le | + | noun | + | **più/meno** | + | adjective | + | di/del/dello/della/dell'/ dei/degli/delle |

- **il/lo/la/l'/i/gli/le** translate *the*. The choice of the correct article depends on the noun following it

- **più** translates *most*; **meno** translates *least*

- **di/del/dello/della/dell'/dei/degli/delle** translate *of* or *in*. The choice of the correct preposition depends on the item following it

Quella è la pinacoteca più famosa della zona.
That is the most famous art gallery in the neighbourhood.
Aldo è il ragazzo meno svelto di questa squadra.
Aldo is the least quick boy of this team.
Quelle nere erano le scarpe più economiche del negozio.
The black ones were the cheapest shoes in the shop.

| il/lo/la/l'/ i/gli/le | + | noun | + | **più/meno** | + | adjective | + | **che** |

- **che** translates *that* (relative pronoun)

È il libro più noioso che io abbia mai letto.
It is the most boring book (that) I have ever read.

Esercizio

Use the words to make up sentences with the relative superlative form as in the example:
(città/importante/Italia)
Milano, Roma, Napoli sono _____
Milano, Roma, Napoli sono le città più importanti d'Italia.

1) attore/famoso/mondo
Robert de Niro e Al Pacino sono
_____

2) stato/grande/Asia
La Russia e la Cina sono
_____

3) monumento/famoso/Roma
Il Colosseo e San Pietro sono
_____

4) persona/ricca/Italia
Berlusconi e Agnelli sono
_____

5) città/grande/Nord-Italia
Milano e Torino sono
_____

6) cantante/conosciuto/Italia
Luciano Pavarotti e Eros Ramazzotti sono
_____

Absolute Superlative (Il superlativo assoluto)

1) The absolute superlative form of adjectives and adverbs has no equivalent in English. In Italian, you have a 'new' adjective or adverb. The final vowel is dropped and the suffix **-issimo/-issima/-issimi/-issime** is added in accordance with the noun it refers to. In English you add *very*, *most*, etc to the adjective or the adverb (*very intelligent, absolutely riveting, most interestingly*).

alto *(tall, high)*	**altissimo, altissima, altissimi, altissime**
buono *(good)*	**buonissimo, buonissima, buonissimi, buonissime**
felice *(happy)*	**felicissimo, felicissima, felicissimi, felicissime**
tardi *(late)*	**tardissimo** *(adverb)*
presto *(early)*	**prestissimo** *(adverb)*

Sono felicissimo dei nostri risultati. *I am very happy with our results.*
Lucia è ricchissima di famiglia. *Lucia comes from an extremely wealthy family.*
I ragazzi sono stati bravissimi. *The children (boys) have been really good.*
Quelle tazze sono piccolisssime. *Those cups are minute.*

2) Instead of the absolute superlative you can use an adverb to strengthen or weaken the meaning of the adjective/adverb, just as in English:

molto lento	*very slow*
proprio stanco	*really tired*
davvero magnifico	*truly magnificent*
noioso da morire	*deadly boring*
poco simpatico	*not very friendly*
piuttosto vecchio	*rather old*

I tuoi consigli sono stati utilissimi / estremamente utili.
Your advice was extremely useful.
Luca e sua moglie sono noiosissimi / noiosi da morire e poco simpatici.
Luca and his wife are deadly boring and not very friendly.

Esercizio

Spot the mistake and correct it. (In one sentence there are two possible answers).
1) Questa minestra è buonissimo.
2) È tardissima. Devo andare a casa.
3) Siamo felicissimo di conoscervi.
4) Mio cugino è giovanissima.
5) Questo libro è interessantissimi.

Irregular Comparatives and Superlatives (I comparativi e i superlativi irregolari)

Some adjectives and adverbs present irregular comparative and superlative forms:

positive	comparative	superlative	
		relative superlative	absolute superlative
buono	più buono	il più buono	buonissimo
	migliore	il migliore	ottimo
bene	meglio		benissimo
cattivo	più cattivo	il più cattivo	cattivissimo
	peggiore	il peggiore	pessimo
male	peggio		malissimo
grande	più grande	il più buono	grandissimo
	maggiore	il maggiore	massimo
piccolo	più piccolo	il più piccolo	piccolissimo
	minore	il minore	minimo
alto	più alto	il più grande	altissimo
	superiore		supremo
basso	più basso	il più basso	bassissimo
	inferiore		infimo
esterno	più esterno	il più esterno	estremo
	esteriore		
interno	più interno	il più interno	intimo
	interiore		

Attenzione!
Some adjectives are not gradable, that is to say, the quality they express cannot be graded in terms of intensity and, for this reason, cannot appear in either the comparative or superlative forms. For instance:

- Adjectives which describe ethnicity or geographic provenance: **italiano**, **francese**, **africano** ...
- Adjectives whose meaning has been modified by a suffix, such as **-etto**, **-occio**, **-ello**: **belloccio**, **piccoletto**, **grandicello**, **furbetto** ...

Bank of information
Comparatives and Superlatives

Italian	English

Sounds in English and Italian (Suoni in inglese e italiano)

Consonants		Consonanti
potato pie	p	pappa
bad business	b	babbo
train ticket	t	tutto
dear doll	d	dado
corner kick	k	chicco
great girl	g	gagà
fat fish	f	fifa
vain victory	v	viva
Simon says	s	sasso
Zen Buddhism	z	uso
short show	ʃ	scena
visionary measure	ʒ	
three thousand	θ	
this father	ð	
hard hat	h	
	ts	ozio
	dz	zenzero
Charlie chats	tʃ	cencio
jam jar	dʒ	oggi
more milk	m	mamma
not nice	n	nonno
	ɲ	giugno
sing along	ŋ	
late lunch	l	lilla
	ʎ	luglio
red rose	r	raro
wide wings	w	uomo
your yacht	j	ieri

Vowels and Diphthongs			**Vocali**
deep sea	iː	i	vini
big ship	ɪ		
any money	i (i intermedia)		
best friend	e (più aperta in inglese che in italiano)	e (less open in Italian than it is in English)	neve
		ɛ	bello
fat man	æ	a	cane
fast car	ɑː		
much love	ʌ		
about America	ə		
her world	ɜː		
all four	ɔː	o	ponte
lost dog	ɒ	ɔ	rosa
blue moon	uː	u	utile
good book	ʊ		
casual situation	u (u intermedia)		
rainy day	eɪ		
my child	aɪ		
noisy boy	ɔɪ		
brown house	aʊ		
going home	əʊ		
near here	ɪə		
Mary cares	eə		
poor tour	ʊə		

based upon:
Collins Giunti Marzocco
English-Italian / Italian-English Dictionary
by Catherine E. Love
1985

Answers (Risposte)

Page 6
Answer the following questions
1) Female buffalo
2) Eat it – it is a hot oil, garlic and anchovy dip for raw vegetables, similar to a fondue. Typical of the **Piemonte** region.
3) Tomatoes, basil and mozzarella cheese.
4) Coffee mixed with grappa.
5) Coffee with a splash of milk (hot or cold).
6) Florence
7) Giulio Cesare
8) Milan
9) Verona
10) Milan
11) Turin
12) Siena
13) Imola
14) Turandot
15) Florence
16) Venice
17) Caravaggio
18) Milan
19) Genoa
20) Lakes
21) Inno di Mameli
22) Rome
23) A cyclist
24) Green = fields; white = snow; red = blood (of soldiers)
25) Naples

Page 11
Choose the correct word
1) I ragazzi giocano a palla.
2) Ho messo i soldi nella cassa.
3) Non ho conosciuto mio nonno.
4) Vado a scuola in moto.
5) Ho una penna rossa.
6) La sera non esco mai.
7) Il bambino ha pianto tutta la notte.
8) Ho comprato una rosa per te.
9) Lego la corda al palo.
10) Mi piace fischiare quando cammino.

Page 13
Find the English translation of the following words and decide whether the adjectives and nouns are masculine or feminine, singular or plural.

Vocaboli	Genere e Numero	Traduzione
ago	ms	needle
ape	fs	bee
bare	fp	coffins
base	fs	base/basis
bimbo	ms	baby

camera	fs	room
cane	ms	dog
case	fp	houses
cassette	fp	tapes
cave	fp	quarries
code	fp	tails/queues
comma	ms	subsection
complete	fp	complete
concrete	fp	concrete
confine	ms	border
creature	fp	creatures
culture	fp	cultures
dare	verb	to give
data	fs	date (calendar)
due	numeral	two
estate	fs	summer
grate	fp	grids / grateful
grave	ms/fs	serious/grave
guide	fp	guides/guide books
insane	fp	insane
mare	ms	sea
mobile	ms	piece of furniture/mobile
more	fp	blackberries
nave	fs	ship
note	fp	notes
nubile	fs	single/unmarried (woman)
olive	fp	olives
pace	fs	peace
rose	fp	roses
salute	fs	health
scale	fp	stairs
scene	fp	stages/scenes
simile	ms/fs	similar

Page 15
Correct the mistakes
1) Il conte Federico è molto ricco.
2) Mi scusi signorina Bianchi, Lei è inglese?
3) Devo andare a Milano lunedì prossimo.
4) Io parlo francese molto bene, ma non conosco i francesi.
5) Ci sono molte differenze tra il nord e sud Italia.

Page 17
Translate into English

il baleno	flash	**la balena**	whale
il boa	boa/feather boa	**la boa**	buoy
il botto	knock/pound/thump	**la botta**	knock/bang
il buco	hole	**la buca**	hole/pit/pothole
il callo	callus/corn	**la calla**	calla lily
il caccia	fighter (plane)	**la caccia**	hunt/hunting
il capitale	capital (money)	**la capitale**	capital (city)
il caso	case	**la casa**	house
il cavo	cable	**la cava**	cave

il cero	candle	la cera	wax
i colli	hills/necks/parcels/cases	le colle	glues
il colpo	hit	la colpa	fault/sin
il corso	course	la corsa	run
il costo	cost	la costa	coast
il fine	aim/purpose	la fine	end
i fronti	fronts	le fronti	foreheads
il gambo	stem	la gamba	leg
il grano	wheat/corn	la grana	grain/trouble/money(colloq.)
il lama	llama	la lama	blade
il lotto	lottery	la lotta	fight
il maglio	mallet	la maglia	T shirt
il manico	handle	la manica	sleeve
il mento	chin	la menta	mint
i messi	messengers	le messe	(church) masses
il metro	metre	la metro	tube (underground)
il modo	way/manner	la moda	fashion
il morale	spirit/morale	la morale	moral
il partito	(political) party	la partita	match
i pali	poles	le pale	shovels
il palmo	span	la palma	palm
i pianti	cries	le piante	plants
il pizzo	lace/protection money	la pizza	pizza
il porto	harbour	la porta	door
il posto	space/place	la posta	post office/mail
il radio	radius	la radio	radio
il rosa	(the colour) pink	la rosa	rose
i tappi	bottle tops	le tappe	stages
il tasso	rate	la tassa	tax
i tavoli	tables	le tavole	boards/planks
i testi	texts	le teste	heads

Page 19
Write the plural of the following nouns (some are irregular)

centrale	centrali
cameriere	camerieri
poeta	poeti
papà	papà
foto	foto
moto	moto
tavolo	tavoli
uovo	uova
caffè	caffè
uomo	uomini
specchio	specchi
rete	reti
difensore	difensori
ginocchio	ginocchia
miglio	miglia
re	re
amico	amici
amica	amiche

Page 23
a. Supply the correct definite article (some nouns may have more than one)

l'	acqua	gli	artisti	il	mare	l'	aria
l'	hotel	lo	zucchero	gli	elefanti	la	palude
la	mano	il	sole	il	tipo	gli	uomini
gli	zoccoli	la	cosa	gli	studenti	gli	scandali
la	volta	il	cane	gli	gnomi	la	settimana
i	signori	il/le	signore	le	ville	il	nome
le	espressioni	la	gente	la	questione	l'	idea
il	problema	il/i	film	la/le	città	la	fine
la/le	brioche	la/le	jeep	il	surf	lo/gli	yogurt

b. Correct the mistakes

lo articoli	gli articoli
i sigaro	il sigaro
il lampada	la lampada
il stupido	lo stupido
le erba	l'erba
la edera	l'edera
il mano	la mano

il donna	la donna
la ombre	le ombre
lo sole	il sole
il avvocato	l'avvocato
il zio	lo zio
il mari	i mari
l'stella	la stella

c. Supply the correct indefinite article

<u>Un</u> mio amico vuole comprare <u>una</u> macchina rossa. Allora decide di andare da <u>un</u> rivenditore di automobili. Quando entra nel negozio, <u>una</u> bella signora gli fa vedere <u>un</u> catalogo di fotografie con tanti modelli di ogni colore. Purtroppo le macchine che gli piacciono costano molti soldi, allora gli viene <u>un'</u> idea molto bella: comprare <u>una</u> macchina usata. Nel negozio non ci sono macchine usate, allora la signora gli mostra <u>un</u> altro negozio lì vicino dove vendono <u>una</u> stupenda macchina rossa usata.

d. Supply the correct indefinite article

Questa mattina Valeria deve partire per Bologna; va a trovare <u>un</u> amico che vive là. Valeria arriva alla stazione; indossa <u>un</u> paio di pantaloni, <u>un</u> cappotto scuro e ha <u>uno</u> zaino sulle spalle. La stazione è molto grande: ci sono due cartelli degli orari dei treni in arrivo e in partenza; c'è <u>un</u> grande orologio e <u>uno</u> stupendo lampadario. Valeria va a <u>uno</u> sportello informazioni e parla con <u>una</u> signorina molto gentile.

e. Match the correct article with the noun

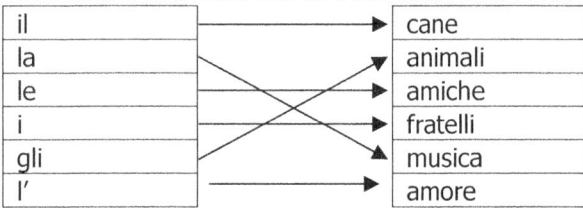

il	→ cane
la	→ animali
le	→ amiche
i	→ fratelli
gli	→ musica
l'	→ amore

Page 27
a. Make the adjective agree with the noun and then turn both into the plural

Adj + Noun	**Noun + Adj**	**Plural**
piccolo ruota	ruota piccola	ruote piccole
grande cane	cane grande	cani grandi
caldo estate	estate calda	estati calde
forte vento	vento forte	venti forti
ottimo vino	vino ottimo	vini ottimi
grasso signora	signora grassa	signore grasse
enorme albero	albero enorme	alberi enormi
pesante coperta	coperta pesante	coperte pesanti

bello corsa	corsa bella	corse belle
largo foglia	foglia larga	foglie larghe
ricco tesoro	tesoro ricco	tesori ricchi
divertente gioco	gioco divertente	giochi divertenti
sporco vestito	vestito sporco	vesiti sporchi
breve viaggio	viaggio breve	viaggi brevi
lungo catena	catena lunga	catene lunghe

b. Complete the table by combining each noun with each adjective

	verde	nero	blu
tavolo	tavolo verde	tavolo nero	tavolo blu
tavoli	tavoli verdi	tavoli neri	tavoli blu
sedia	sedia verde	sedia nera	sedia blu
sedie	sedie verdi	sedie nere	sedie blu
alone	alone verde	alone nero	alone blu
aloni	aloni verdi	aloni neri	aloni blu
croce	croce verde	croce nera	croce blu
croci	croci verdi	croci nere	croci blu
sistema	sistema verde	sistema nero	sistema blu
sistemi	sistemi verdi	sistemi neri	sistemi blu
città	città verde	città nera	città blu
città	città verdi	città nere	città blu
crisi	crisi verde	crisi nera	crisi blu
crisi	crisi verdi	crisi nere	crisi blu
moto	moto verde	moto nera	moto blu
moto	moto verdi	moto nere	moto blu

c. Invert the position of the noun and adjective and add the correct article
1) il giorno stesso   ->   lo stesso giorno
2) l'auto nuova   ->   la nuova auto
3) il bravo studente   ->   lo studente bravo
4) gli amici simpatici   ->   i simpatici amici
5) le verdi foglie   ->   le foglie verdi

Page 32
a. Put the verbs into the appropriate column

penso - vediamo - apre - scrivete - passeggiate - mangi - studiano - leggete - dormite - parto - vendete - aprite - studia - servite - chiudi - mettiamo - cantate - capiamo - finisci - amo - credi - devono - preferite - cadete - offro - parlano - studi - corri - scriviamo - arrossisce - imparo

Verbi in **-are**	Verbi in **-ere**	Verbi in **-ire**	
		in **-o**	in **-isco**
penso	vediamo	apre	capiamo
passeggiate	scrivete	dormite	finisci
mangi	leggete	parto	preferite
studiano	vendete	aprite	arrossisce
studia	chiudi	servite	
cantate	mettiamo	offro	
amo	credi	scriviamo	
parlano	devono		
studi	cadete		
imparo	corri		

b. Fill the gaps with the correct form of each verb
1) In Italia il numero 13 (portare) porta fortuna.
2) Lui (vedere) vede solo film western.
3) Lei (ascoltare) ascolta solo musica classica.
4) Mario (mangiare) mangia troppo.
5) Voi (capire) capite quello che io ho detto?
6) Tu non (guardare) guardi molto la televisione.
7) Francesca (partire) parte questa sera.
8) Loro non (credere) credono a quello che dico.
9) I miei genitori (arrivare) arrivano alle otto.
10) Noi (prendere) prendiamo qualcosa da bere.
11) I bambini (aspettare) aspettano l'autobus.
12) Io non (conoscere) conosco quella persona.
13) Noi non (capire) capiamo bene l'inglese.
14) Giovanni e Sara (rimanere) rimangono a casa stasera.
15) Anna e Marco (studiare) studiano sempre in biblioteca.
16) Mario (leggere) legge spesso il giornale.
17) Voi non (pulire) pulite mai la vostra stanza.
18) Carlo (arrivare) arriva sempre in ritardo.
19) Noi (mangiare) mangiamo a casa stasera.
20) Paola (capire) capisce bene l'inglese.

Page 35
a. Complete with the correct form of **essere** or **avere**
1) Giovanni ha una bella casa.
2) Franca è una ragazza italiana.
3) Giovanni e Pietro sono alti.
4) Voi siete i miei compagni di classe.
5) Noi abbiamo una macchina rossa.
6) Bambini, avete sete?
7) Noi abbiamo fame.
8) Di dove sei tu?
9) Di chi sono questi libri?
10) Stefano, quanti anni hai?
11) Loro hanno 3 e 4 anni.
12) Il libro è nuovo.
13) Io non ho né fratelli né sorelle.

b. Translate the following sentences
1) We are James and Jane. = Siamo James e Jane.
2) I am a mother. = Sono una madre.
3) He is the father. = E' il padre.
4) They have a house. = Hanno una casa.
5) The uncle has a cat. = Lo zio ha un gatto.
6) Peter has the keys. = Peter ha le chiavi.
7) We have two dogs. = Abbiamo due cani.
8) This is your car. = Questa è la tua macchina.
9) She is Italian. = E' italiana.
10) David and Marco are not young. = David e Marco non sono giovani.

c. Correct the verbs
1) Noi sono di Parigi. = Noi siamo di Parigi.
2) Tu siete svedese. = Tu sei svedese.
3) Marcella siamo italiana. = Marcella è italiana.
4) Loro è al bar. = Loro sono al bar.

5) Io sei di Napoli. = <u>Io sono di Napoli.</u>
6) Maria avete sete. = <u>Maria ha sete.</u>
7) Voi ho fame. = <u>Voi avete fame.</u>
8) Noi hanno un amico qui. = <u>Noi abbiamo un amico qui.</u>
9) Loro hai un gelato. = <u>Loro hanno un gelato.</u>
10) Lei abbiamo un'amica cinese. = <u>Lei ha un'amica cinese.</u>

Page 38
a. Write both the formal and informal questions to fit the answer
1) <u>Parla italiano?</u>   /   <u>Parli italiano?</u>
Si, io parlo italiano.
2) <u>Ascolta musica classica?</u>   /   <u>Ascolti musica classica?</u>
No, non ascolto musica classica.
3) <u>Mangia spesso a casa?</u>   /   <u>Mangi spesso a casa?</u>
Si, mangio spesso a casa.
4) <u>Abita a Roma?</u>   /   <u>Abiti a Roma?</u>
No, non abito a Roma; abito a Urbino.

b. Translate the sentences using **tu** and **Lei**

	tu	Lei
What's your name?	Come ti chiami?	Come Si chiama?
Are you English?	Sei inglese?	E' inglese?
Do you speak English?	Parli inglese?	Parla inglese?
Where do you work?	Dove lavori?	Dove lavora?
Do you have children?	Hai figli?	Ha figli?
Are you married?	Sei sposato/a?	E' sposato/a?

c. Transform the sentences using **Lei** instead of **tu**
1) Ciao, come ti chiami? = <u>Buongiorno, come si chiama?</u>
2) Sei argentino? = <u>È argentino?</u>
3) Quando arrivi in Italia? = <u>Quando arriva in Italia?</u>
4) Dove abiti? = <u>Dove abita?</u>
5) Hai il visto sul passaporto? = <u>Ha il visto sul passaporto?</u>
6) Ti scrivo un elenco. = <u>Le scrivo un elenco.</u>
7) Quanti anni hai? = <u>Quanti anni ha?</u>
8) Torni domani alle 12? = <u>Torna domani alle 12?</u>

d. Transform the sentences using **tu** instead of **Lei**
1) Lei lavora in questo ufficio? = <u>Tu lavori in questo ufficio?</u>
2) Lei è figlio unico? = <u>Tu sei figlio unico?</u>
3) Di dove è = <u>Di dove sei?</u>
4) Grazie, Lei è molto gentile. = <u>Grazie, sei molto gentile.</u>
5) Scende alla prossima fermata? = <u>Scendi alla prossima fermata?</u>
6) Mangia verdure? = <u>Mangi verdure?</u>
7) Ha un documento? = <u>Hai un documento?</u>
8) Prende un caffé? = <u>Prendi un caffé?</u>

Page 41
a. Supply the correct question word
1) <u>Dov'è</u> Roberto? È a Roma.
2) <u>Quando</u> arriva a Firenze? Domani.
3) Con <u>chi</u>? Con Lina.
4) <u>Chi</u> è Lina? La sua ragazza.
5) <u>Perché</u> vogliono andare a Firenze?

Page 44
a. Complete using the correct form of the verb (some are regular)
1) Io (andare) vado a scuola per imparare l'italiano.
2) Luigi mangia poco perché non (volere) vuole ingrassare.
3) Quale (essere) è il tuo libro?
4) Susanna ed Alessandra (rimanere) rimangono a Firenze.
5) Io (lavorare) lavoro in un ufficio.
6) Lucia (uscire) esce con gli amici.
7) Noi (comprare) compriamo questo orologio per Lucia.
8) Oggi (dovere, io) devo studiare i verbi irregolari.
9) I miei fratelli (stare) stanno molto bene.

b. Complete using the correct form of the verb (some are regular)
1) Sandro non (sapere) sa cucinare.
2) Stasera Luca e Gemma (andare) vanno al cinema.
3) Signora, (conoscere) conosce la Galleria degli Uffizi?
4) Alberto (lavare) lava i piatti.
5) Io (andare) vado al circo; (voi, volere) volete venire con me?
6) Carla, Lei (parlare) parla molto bene il catalano!
7) Guido, a che ora (uscire) esci dall'ufficio?
8) Nella nostra biblioteca (avere) abbiamo molti libri di filosofia.
9) Gli operai di quella fabbrica (essere) sono in sciopero.

c. Complete using the correct form of the verb (some are regular)
1) Voi non (dire) dite niente?
2) Loro (volere) vogliono fare un nuovo controllo.
3) Noi non (andare) andiamo mai al cinema.
4) Lui (andare) va in un paese vicino alla Svizzera.
5) (Io, salire) Salgo un momento in casa.
6) I miei genitori (rimanere) rimangono a Barcellona.
7) Sono stanco; non (potere) posso studiare.
8) (Tu, venire) Vieni con me?
9) (Tu, dovere) Devi affrontare la situazione.

d. Complete using the correct form of the verb (some are regular)
1) Luigi (dovere) deve partire oggi.
2) Chi (sapere) sa quando ritorna Luigi?
3) Oggi (io, volere) voglio andare al cinema.
4) Maria non mi (dare) dà il libro.
5) (Voi, andare) andate presto a casa?
6) Nadia (uscire) esce dall'università.
7) Noi (rimanere) rimaniamo ancora qui.
8) Che cosa (voi, bere) bevete?
9) Mi (tu, tenere) tieni la mano perché ho paura?
10) Lei non (parlare) parla inglese?

Page 46
Complete the chart

il divano	bel divano	quel divano
l'appartamento	bell' appartamento	quell' appartamento
lo scaffale	bello scaffale	quello scaffale
la casa	bella casa	quella casa
l' amica	bell' amica	quell' amica
i divani	bei divani	quei divani

gli appartamenti   begli appartamenti   quegli appartamenti
gli scaffali   begli scaffali   quegli scaffali
le case   belle case   quelle case
le amiche   belle amiche   quelle amiche

Page 47
a. Supply the correct forms of **tanto** or **molto**
1) Luigi ha molti/tanti amici.
2) La moglie di Luigi è molto/tanto simpatica.
3) Mauro mangia molto/tanto.
4) Anna beve molta/tanta birra.
5) Molti/tanti non riescono a trovare un lavoro.

Page 50
a. Translate into Italian
1) my house = casa mia
2) your name = il tuo nome
3) my mother = mia madre
4) our friends = i nostri amici
5) his car = la sua macchina
6) her father = suo padre
7) my fault = colpa mia
8) her eyes = i suoi occhi
9) their tickets = i loro biglietti
10) our family = la nostra famiglia

b. Supply the correct possessive
1) I nostri libri sono grossi. (noi)
2) La sua rivista è interessante. (lui)
3) La mia giacca è nera. (io)
4) Le loro motociclette sono rosse. (loro)
5) La tua cravatta è bella. (tu)
6) I loro amici sono bravi. (loro)
7) I vostri vicini sono italiani. (voi)
8) Il Suo giardino è bello. (Lei)
9) Il mio cappotto è leggero. (io)
10) Le sue amiche sono generose. (lei)

c. Supply the correct possessive
(My) Mia sorella è molto intelligente. Studia tutte le sere con (her) il suo ragazzo. La sua (her) materia preferita è la matematica, ma le piacciono anche le scienze. Il suo (her) obiettivo è studiare medicina e diventare dottoressa. È più seria di me! A me non mi piace studiare; preferisco stare all'aperto. Mi piace andare in barca a vela, correre, e fare esercizi di yoga, ma la mia (my) attività preferita è fare un giro in bicicletta. Ogni sabato faccio un giro con i miei (my) amici.

d. Supply the correct possessive
1) Questa matita è tua/Sua/vostra. (yours)
2) La nostra vacanza è stata bellissima. (our)
3) Il tuo/Suo/vostro biglietto è scaduto. (your)
4) Domani mia sorella va in Francia. (my)
5) Aida è bassa e grassa. Suo figlio è alto e magro. (her)
6) La loro amica è molto carina. (their)
7) Scusa Antonio, dov'è tua sorella? (your)

Page 54
a. Write the numbers in letters
1) 1234 = milleduecentotrentaquattro
2) 888 = ottocentottantotto
3) 906 = novecentosei
4) 53 = cinquantatré
5) 3786 = tremilasettecentottantasei
6) 9838 = novemilaottocentotrentotto
7) 126 = centoventisei
8) 516 = cinquecentosedici

b. Complete the following
1) tredici + undici = ventiquattro
2) undici + cinquanta = sessantuno
3) due + settantatré = settantacinque
4) quindici + ventisette = quarantadue
5) venticinque + cinquantatré = settantotto
6) sessanta – dodici = quarantotto
7) trenta – tre = ventisette
8) cento – ottantacinque = quindici
9) ventuno – diciannove = due
10) novantaquattro – cinquantasei = trentotto
11) diciotto + quattordici = trentadue

c. Write the numbers in words
1) 4° = quarto
2) 6° = sesto
3) 1° = primo
4) 35° = trentacinquesimo
5) 9° = nono
6) 278° = duecentosettanttottesimo
7) ¾ = tre quarti
8) ½ = mezzo

d. Write the dates in words
1) 3/5/74 = tre maggio settantaquattro
2) 3/7/85 = tre luglio ottantacinque
3) 4/5/18 = quattro maggio diciotto
4) 10/12/46 = dieci dicembre quarantasei
5) 27/1/52 = ventisette gennaio cinquantadue

Page 56
a. Write the correct times in words
1) 7:21 am = sette e ventuno di mattina
2) 9:10 am = nove e dieci di mattina
3) 4:24 pm = sedici e ventiquattro / quattro e ventiquattro (di pomeriggio)
4) 8:30 pm = venti e trenta / otto e trenta (di sera) / otto e mezzo (di sera)
5) 3:45 am = tre e quarantacinque (di mattina) / quattro meno un quarto (del mattino)
6) 9:00 pm = ventuno / nove (di sera)
7) 1:15 am = una e quindici / una e un quarto (di notte)
8) 5:15 pm = diciassette e quindici / cinque e un quarto (del pomeriggio)
9) 3:05 am = tre e cinque (di notte)
10) 6:20 pm = diciotto e venti / sei e venti (di sera)
11) 12 midnight = ventiquattro / mezzanotte

12) 10:45 pm = ventidue e quarantacinque / dieci e quarantacinque (di sera) / undici meno un quarto (di sera)
13) 8:30 pm = venti e trenta / otto e mezzo (di sera)

b. Write the correct times in numbers
1) Sono le sette e cinquantanove = 7:59
2) Sono le nove e quarantatré = 9:43
3) Sono le sette meno un quarto = 6:45
4) È l'una e quaranta = 1:40
5) Sono le otto e cinquantacinque = 8:55
6) Sono le cinque e quindici = 5:15
7) Sono le sette meno un quarto = 6:45
8) Sono le sei e trenta = 6:30
9) Sono le undici meno dieci = 10:50
10) Sono le tre e mezzo = 3:30
11) Sono le due e un quarto = 2:15
12) Sono le quattro e tre quarti = 4:45

c. Write six different ways of expressing 4:45 (both am and pm)
1) Sono le quattro e quarantacinque
2) Sono le quattro e tre quarti
3) Sono le cinque meno un quarto
4) Sono le cinque meno quindici
5) Sono le sedici e quarantacinque
6) Sono le diciassette meno quindici

Page 58
Complete the chart

andare	andato
nascere	nato
partire	partito
entrare	entrato
salire	salito

venire	venuto
morire	morto
tornare	tornato
uscire	uscito
scendere	sceso

Page 59
a. Complete the sentences with the the **passato prossimo**
1) Io (perdere) ho perso le chiavi di casa.
2) Tu (prendere) hai preso qualcosa da bere?
3) Noi stamattina (uscire) siamo usciti presto.
4) Tu (chiedere) hai chiesto qualcosa?
5) Lucia (scendere) è scesa di corsa per rispondere al telefono.
6) Loro (passeggiare) hanno passeggiato tutto il pomeriggio.
7) Giovanna (affittare) ha affittato un nuovo appartamento.
8) Luca (aprire) ha aperto la finestra.
9) Questa notte lei (dormire) ha dormito male.
10) Ieri sera Lei (lavorare) ha lavorato fino a mezzanotte.
11) Carla (bere) ha bevuto un bicchiere d'acqua.
12) Io non (decidere) ho deciso cosa fare domani.
13) Francesco (cambiare) ha cambiato il numero di telefono.
14) Le ragazze (fare) hanno fatto una gita a Firenze.
15) Marco e Lara (essere) sono stati al cinema.
16) Loro (ritornare) sono ritornati/e a casa.
17) Io (andare) sono andato/a a casa.
18) Maria (mangiare) ha mangiato la pasta.

19) Carlo ed io (giocare) <u>abbiamo giocato</u> a pallone nel campo sotto casa.
20) Loro (camminare) <u>hanno camminato</u> tutto il giorno in giro per la città.

b. Change the verbs from the **presente** to the **passato prossimo**
1) Alberto (arriva) <u>è arrivato</u> a Firenze con il treno.
2) Luciana (legge) <u>ha letto</u> un libro.
3) (Vado) <u>Sono andato</u> al bar e (ordino) <u>ho ordinato</u> un cappuccino.
4) (Studio) <u>Ho studiato</u> geografia e poi (esco) <u>sono uscito/a</u>.
5) Tu (vai) <u>sei andato/a</u> in discoteca e (balli) <u>hai ballato</u>.

c. Complete the sentences with the **passato prossimo**
1) Il film (finire) <u>è finito</u> cinque minuti fa.
2) L'anno scorso Paola (venire) <u>è venuta</u> in vacanza con noi.
3) Dove tu (andare) <u>sei andato/a</u> ieri pomeriggio?
4) Sharon (nascere) <u>è nata</u> in Scozia nel 1980.
5) A che ora voi (prendere) <u>avete preso</u> l'autobus?
6) Lei (scegliere) <u>ha scelto</u> un vestito nero per la festa.
7) Ieri sera io (bere) <u>ho bevuto</u> troppo vino....
8) Tu (mangiare) <u>hai mangiato</u> troppi dolci.
9) Domenica scorsa noi (andare) <u>siamo andati/e</u> al mare,
10) Lui (morire) <u>è morto</u> dopo una lunga malattia.
11) Quando voi (incontrare) <u>avete incontrato</u> suo fratello?
12) Io (studiare) <u>ho studiato</u> in Italia.
13) Tu (guardare) <u>hai guardato</u> la TV ieri sera?
14) Lui non (rispondere) <u>ha risposto</u> alla domanda.
15) Noi (partire) <u>siamo partiti/e</u> presto per arrivare prima.

Page 63
a. Complete with the correct form of the verb in the **presente**
1) <u>Devo</u> (dovere, io) ritornare a casa alle sette.
2) <u>Devi</u> (dovere, tu) essere più gentile con tua sorella.
3) Paolo <u>può</u> (potere) venire con noi sabato.
4) Carlo <u>vuole</u> (volere) partire per il Messico.
5) Scusi, <u>può</u> (potere) ripetere?
6) Non <u>vogliono</u> (volere, loro) mangiare ora, è presto.
7) Chi di voi <u>sa</u> (sapere) dirmi che ore sono?
8) Non <u>sappiamo</u> (sapere, noi) resistere alle tentazioni.

b. Complete with the correct verb in the **presente**
1) Come, tu non <u>vuoi</u> nemmeno assaggiarlo?
2) Ragazzi, questa sera <u>volete</u> andare a mangiare una pizza?
3) Tu <u>puoi</u> accompagnarmi dal parrucchiere oggi alle due?
4) In casa nostra, noi <u>dobbiamo</u> aiutare nostra madre.
5) Hanno bisogno di una seconda macchina, ma non <u>possono</u> permettersela.
6) Vi accompagno io. A che ora <u>dovete</u> essere all'aereoporto?
7) Lucia <u>vuole/deve</u> essere lì un'ora prima.
8) Perché tu non <u>vuoi</u> venire alla festa?

c. Complete with the correct form of the verb in the **presente**
1) Tuo fratello (dovere) <u>deve</u> prendere l'autobus al mattino presto.
2) Noi non (volere) <u>vogliamo</u> cambiare idea.
3) Oggi io non (potere) <u>posso</u> andare al supermercato, non ho tempo.
4) Io (volere) <u>voglio</u> scrivere questa lettera prima di uscire.
5) Giorgio (volere) <u>vuole</u> ascoltare la musica con gli amici.
6) Gli studenti (dovere) <u>devono</u> essere a scuola alle 8:15.

7) Voi (potere) <u>potete</u> comprare il biglietto in stazione.
8) Oggi io (dovere) <u>devo</u> andare a fare la spesa.
9. Voi (dovere) <u>dovete</u> scrivere una lettera ai nonni.
10. C'è la neve e Paolo (volere) <u>vuole</u> andare a sciare.
11. Noi (dovere) <u>dobbiamo</u> studiare la lezione.
12. La signora Maria (dovere) <u>deve</u> prendere il bus ogni mattina.

d. Choose between **potere** and **sapere**
1) <u>Sai</u> nuotare?
2) Oggi non <u>posso</u> venire al cinema perché ho da fare.
3) Scusi, <u>sa</u> che ore sono?
4) Luigi lavora in Francia ma non <u>sa</u> una parola di francese.
5) <u>Potete</u> chiamare la polizia? Non ho il telefono.
6) Mia figlia non <u>può</u> venire in piscina perché non <u>sa</u> nuotare.
7) Se non vanno in macchina <u>possono</u> prendere il treno.
8) Non <u>sappiamo</u> dove abita Piera.
9) <u>Possiamo</u> venire a casa tua oggi?
10) <u>Potete</u> giocare a bridge domani sera?

Page 70
Complete with the correct prepositions (more than one may be correct)
1) Io vado <u>a</u> casa <u>a</u> piedi.
2) Tu indossi il maglione <u>di</u> Mario.
3) Loro tornano <u>a/da</u> Milano <u>con</u> il treno.
4) Non ho trovato un hotel e sono andato <u>a</u> dormire <u>da</u> amici.
5) L'affresco 'L'Ultima Cena' è stato dipinto <u>da</u> Leonardo da Vinci.
6) Paul vive <u>a</u> Roma <u>da</u> tre anni.
7) Questo regalo è <u>per</u> te.
8) Vengo <u>a</u> casa <u>tra/fra/per</u> due minuti.
9) Sei arrivato dopo <u>di</u> me.
10) Un bicchiere <u>di</u> latte.
11) Questo tipo <u>di</u> musica.
12) <u>Da</u> Parigi <u>a</u> Roma.
13) Il latte è <u>in</u> frigo.
14) Questo vestito è <u>di</u> seta.
15) Ti ho comprato un bracciale <u>di / d'</u> argento.
16) Questa sera vado <u>a</u> cena <u>con</u> il mio ragazzo.
17) <u>Da</u> quanto tempo vivi <u>in</u> quell'appartamento?
18) Paolo è <u>in</u> ritardo.
19) Stefano è <u>in</u> vacanza <u>in</u> Grecia <u>da</u> due mesi.
20) I miei cugini vengono spesso <u>a</u> cena <u>da</u> noi.
21) <u>A</u> casa mia c'è un salotto e una camera <u>da</u> letto.
22) Roma è abbastanza vicino <u>a</u> Napoli.
23) L'aereo <u>per</u> Amsterdam parte da Milano alle 8:30.
24) Ho abitato <u>a</u> Venezia per 3 anni.
25) La banca non è lontano <u>da</u> casa mia.
26) Vivo <u>in</u> America da molti anni, ma sono <u>di</u> Venezia.
27) Secondo me Milano è più bella <u>di</u> Firenze.
28) Vivi sempre in Sicilia o sei tornato <u>a</u> Genova?
29) La città di Ostia non è lontana <u>da</u> Roma.
30) Rispondo <u>a</u> questa domanda molto volentieri.
31) L'aereo <u>per</u> Milano parte da Roma alle sei.
32) Non abito molto lontano <u>da</u> casa tua.
33) Noi andiamo <u>a</u> mangiare. Venite <u>con</u> noi?
34) Ho bisogno <u>di</u> un nuovo paio <u>di</u> scarpe <u>da</u> ginnastica.

35) <u>Tra</u> due settimane vado <u>in</u> vacanza; non vedo l'ora!
36) Valerio ha deciso <u>di</u> trasferirsi <u>a</u> casa <u>di</u> Marta.
37) Il fratello <u>di</u> Silvia lavora <u>in</u> una fabbrica <u>di</u> mobili.
38) Anche se sono stanco non riesco <u>a</u> dormire <u>con</u> la luce accesa.
39) Se hai bisogno <u>di</u> parlare <u>con</u> me, sono <u>in</u> cucina.
40) Vorrei qualcosa <u>di</u> fresco <u>da</u> bere, <u>per</u> favore.
41) Vado <u>a</u> Milano, <u>in</u> Lombardia, <u>in</u> Italia.
42) Anna vuole andare <u>a</u> Londra <u>per</u> le vacanze <u>di</u> Natale.
43) Ho voglia <u>di</u> un bel caffé.
44) Il Colosseo si trova <u>a</u> Roma.

Page 72

	il	**lo**	**l'**	**i**	**gli**	**la**	**l'**	**le**
di	del	dello	dell'	dei	degli	della	dell'	delle
a	al	allo	all'	ai	agli	alla	all'	alle
da	dal	dallo	dall'	dai	dagli	dalla	dall'	dalle
in	nel	nello	nell'	nei	negli	nella	nell'	nelle
su	sul	sullo	sull'	sui	sugli	sulla	sull'	sulle

a. Complete with the correct articulated prepositions
1) Mia nonna mette il brasato (in+gli) <u>negli</u> agnolotti.
2) Tu metti il limone o il latte (in+il) <u>nel</u> tè?
3) Luca è più alto (di+il) <u>del</u> suo amico.
4) Luca è più alto (di+l') <u>dell'</u>amico.
5) Tu preferisci il tè freddo (a+la) <u>alla</u> pesca o (a+il) <u>al</u> limone?
6) Preferite gli spaghetti (a+la) <u>alla</u> carbonara o (a+il) <u>al</u> pesto?
7) Dovete fare lo scontrino (a+la) <u>alla</u> cassa.
8) Andiamo (a+il) <u>al</u> ristorante e poi (a+il) <u>al</u> cinema?
9) Tu devi tornare (a+l') <u>all'</u> albergo (a+le) <u>alle</u> 9:30?
10) I biscotti (di+la) <u>della</u> pasticceria Cimoroni sono i miei preferiti.
11) E tu che cosa pensi (di+i) <u>dei</u> dolci che fa mia sorella?
12) Quei salatini sono i più buoni (di+il) <u>del</u> mondo!

b. Complete with the correct articulated prepositions
1) La banca non è lontana <u>dal</u> mio ufficio.
2) In mezzo <u>al</u> mare c'è un'isoletta non abitata.
3) Ho letto un libro <u>sull'</u> Italia.
4) La porta <u>della</u> casa di Mario era chiusa.
5) La camicia è <u>nell'</u> armadio.
6) Sono salito <u>sulla</u> scala per prendere una scatola.
7) Questa notte ho sentito dolori terribili <u>allo</u> stomaco.
8) Mi piacciono gli spaghetti <u>al</u> sugo e la bistecca <u>alla</u> fiorentina.
9) Le tue chiavi sono <u>sul</u> tavolo.
10) Preferisco mangiare <u>al</u> ristorante.
11) Gli studenti <u>dell'</u>università hanno finito di studiare.

Page 75
a. Change **qualche** to **alcuni/e** and the nouns accordingly
1) Ho conosciuto qualche studente americano.
-->Ho conosciuto <u>alcuni studenti americani</u>.
2) Voglio chiedere qualche giorno di ferie.
--> Voglio chiedere <u>alcuni giorni</u> di ferie.
3) Abbiamo visto qualche bel monumento.

--> Abbiamo visto <u>alcuni bei moumenti</u>.
4) Ho letto sulla guida qualche notizia interessante su Perugia.
--> Ho letto sulla guida <u>alcune notizie interessanti</u> su Perugia.
5) Ho qualche amico in Svizzera.
--> Ho <u>alcuni amici</u> in Svizzera.
6) La famiglia Bianchi ha visitato qualche città italiana.
--> La famiglia Bianchi ha visitato <u>alcune città italiane</u>.
7) Marco ha qualche problema serio al momento.
--> Marco ha <u>alcuni problemi</u> seri al momento.
8) Sono rimasto nel bar solo qualche minuto.
--> Sono rimasto nel bar solo <u>alcuni minuti</u>.

b. Complete with the correct partitive article
1) Quando abbiamo visitato Roma abbiamo fatto <u>delle</u> foto bellissime.
2) Quando esci, passa al supermercato a comprare <u>del</u> vino.
3) Mi presti <u>dei</u> soldi per favore?
4) Che cosa è successo? Sul pavimento c'è <u>dell'</u>acqua.
5) In quel negozio vendono <u>degli</u> abiti eleganti.
6) Roberta è uscita con <u>delle</u> amiche.
7) In quel negozio mi hanno dato <u>dei</u> soldi falsi.
8) Se facciamo la festa, io porto <u>dello</u> spumante.
9) Le strade sono tutte bianche perché è caduta <u>della</u> neve.
10) L'insalata va condita con <u>dell'</u>olio di oliva.

c. Write all the possible combinations
problema = <u>dei problemi, alcuni problemi, qualche problema, un po' di problemi</u>
1) volta = <u>delle volte, alcune volte, qualche volta, un po' di volte</u>
2) giorno = <u>dei giorni, alcuni giorni, qualche giorno, un po' di giorni</u>
3) notte = <u>delle notti, alcune notti, qualche notte, un po' di notti</u>
4) settimana = <u>delle settimane, alcune settimane, qualche settimana, un po' di settimane</u>
5) casa = <u>delle case, alcune case, qualche casa, un po' di case</u>
6) gatto = <u>dei gatti, alcuni gatti, qualche gatto, un po' di gatti</u>
7) tavoli = <u>dei tavoli, alcuni tavoli, qualche tavolo, un po' di tavoli</u>
8) sedie = <u>delle sedie, alcune sedie, qualche sedia, un po' di sedie</u>
9) mesi = <u>dei mesi, alcuni mesi, qualche mese, un po' di mesi</u>
10) alberi = <u>degli alberi, alcuni alberi, qualche albero, un po' di alberi</u>

Page 80
Complete with the appropriate reflexive pronoun and the correct verb form
1) Quanti giorni <u>vi fermate</u> a Venezia?
2) Dario e io <u>ci conosciamo</u> da tanti anni.
3) I miei consuoceri, tra di loro, <u>si danno</u> del Lei!
4) Complimenti! <u>Vi esprimete</u> davvero bene in italiano.
5) La mia collega arriva sempre in ritardo e neanche <u>si scusa</u>!
6) Spesso <u>mi/m'addormento</u> dopo mezzanotte.
7) La mamma, appena arriva a casa, <u>si mette</u> a fare le pulizie.
8) Quando <u>ti decidi</u> finalmente di smettere di fumare?
9) I bamibini spesso <u>si annoiano</u> se non possono guardare la TV.
10) A che ora <u>ti alzi</u> normalmente?
11) <u>Ti sei laureato/a</u> a giugno o a luglio?
12) <u>Ci/C'incontriamo</u> a casa di Mario?
13) <u>Ti metti</u> la camicia di seta rosa?
14) Ricordati che dobbiamo <u>alzarci</u> alle 7.
15) <u>Si lamentano</u> perché sono stanchi di studiare.
16) <u>Ricordati</u> di comprare il pane.

17) <u>Mi sento</u> bene, ma ho un po' di mal di testa.
18) Signorina, vuole <u>sederSi</u>?
19) Carla non <u>si pettina</u> mai prima di uscire.
20) Voi <u>vi vestite</u> sempre eleganti.
21) Il fratello di Paolo <u>si chiama</u> Pietro.
22) Noi <u>ci alziamo</u> presto la mattina.
23) Tu <u>ti sposi</u> a maggio?
24) Questa sera io <u>mi metto</u> il vestito nuovo.
25) Loro <u>si fermano</u> una settimana a Firenze.
26) Pietro e Mario <u>ci/c'incontriamo</u> al bar tutti i giorni.
27) Voi <u>vi siete</u> già conosciuti.
28) <u>Mi trovo</u> molto bene in questa scuola di italiano.
29) Maria non <u>si vergogna</u> mai di quello che fa.
30) Ieri io e Luca <u>ci siamo arrabbiati</u> con Filippo.
31) Tra un po' di tempo <u>ti abitui</u> al nuovo lavoro.
32) Ieri lei <u>si è messa</u> il cappotto perché faceva freddo.
33) Tu e Marco non <u>vi siete accorti</u> di niente.
34) Devi <u>asciugarti</u> i capelli prima che ti venga mal di testa.
35) Sonia <u>si trucca</u> tutti i giorni con molta cura.
36) Io e Lucia abbiamo deciso di <u>sposarci</u>.
37) Laura e Franco non <u>si/s'arrendono</u> tanto facilmente.
38) L'altra sera le mie sorelle <u>si sono annoiate</u> alla festa.

Page 83
Complete with the missing personal pronoun and add the appropriate vowel to the past participle where necessary
1) Hai letto i giornali di oggi? - No, non <u>li</u> ho lett<u>i</u>.
2) Mi ami? Ma quanto mi ami? – <u>Ti</u> amo moltissimo!
3) Incontri spesso le tue amiche? - Sì, <u>le</u> vedo tutte le settimane.
4) Guardi molto la televisione? - No, <u>la</u> guardo solo di sera.
5) Mangi gli spaghetti? - Certo! <u>Li</u> mangio spessissimo!
6) Conosci bene Antonio? - Sì, <u>lo</u> conosco bene!
7) Hai incontrato gli amici? - No, non <u>li</u> ho incontrat<u>i</u>.
8) Pronto? Mi senti? - Sì, <u>ti</u> sento benissimo!
9) Mangi le lasagne? - Sì, <u>le</u> mangio volentieri.
10) Suoni la chitarra? - Sì, <u>la</u> suono abbastanza bene.
11) Hai pagato molto quei libri? - No, <u>li</u> ho pagati poco!
12) Aspetti il tram? - Sì, <u>l'</u>aspetto da parecchio!
13) Hai letto i giornali di oggi? - No, non <u>li</u> leggo più.
14) Sai parlare il latino? - Non so parlar<u>lo</u> perché è inutile!
15) Paolo, hai il giornale? - Sì, <u>l'</u>ho comprato stamattina!
16) Ho incontrato Sergio e <u>l'</u>ho invitato a venire alla festa.
17) Gina è una cara amica. <u>L'</u>ho conosciuta due anni fa all'università.
18) Ho cercato il libro dappertutto, ma non <u>l'</u>ho trovat<u>o</u>.
19) Ho già scritto la lettera ma non <u>l'</u>ho ancora spedit<u>a</u>.
20) Elena ha comprato gli orecchini - <u>Li</u> ha comprat<u>i</u> ieri.
21) Parlo il francese. <u>Lo</u> parlo abbastanza bene.
22) Scrivo una lettera - <u>La</u> scrivo adesso.
23) Ho mangiato le lasagne - <u>Le</u> ho mangiat<u>e</u>.
24) Ho bevuto la grappa. <u>L'</u>ho bevut<u>a</u> dopo cena.
25) La mia macchina è rotta, <u>m'</u>accompagni?
26) Se andate in centro, <u>vi</u> porto io.
27) Cerco le chiavi, ma non <u>le</u> trovo.
28) Quella borsa è bella. <u>La</u> compro!
29) Siamo in ritardo. Maria <u>ci</u> aspetta alle tre.

30) Pronto mi senti? Si, <u>ti</u> sento perfettamente.
31) Ci inviti alla tua festa? Certo che <u>v'</u>invito.
32) Come vai a casa? <u>M'</u>accompagna Carlo.
33) Dove mi porta stasera? Signorina, <u>La</u> porto fuori a cena.
34) Avete già dato la conferma? Sì, <u>l'</u>abbiamo già dat<u>a</u>.
35) Dove hai perso l'ombrello? <u>L'</u>ho perso in treno.
36) Hai visto mio fratello? No, non <u>l'</u>ho vist<u>o</u>.
37) Hai fatto la spesa? Sì, <u>l'</u>ho fatt<u>a</u>.
38) Gli studenti hanno capito i compiti? Sì, <u>li</u> hanno capit<u>i</u>.

Page 86
Add the appropriate personal pronoun
1) Lui scrive alla mamma; io non <u>le</u> scrivo, <u>le</u> telefono!
2) Loro dicono 'Ciao!' al professore; io <u>gli</u> dico 'Buongiorno!'
3) Lui risponde agli studenti in italiano; io rispondo <u>loro</u> in inglese!
4) Tu regali dolci a Pierino; io <u>gli</u> regalo libri!
5) Voi portate dei fiori alla signora: io <u>le</u> porto dei cioccolatini.
6) Lei mostra il passaporto al vigile; io <u>gli</u> mostro la patente.
7) Tu non parli agli stranieri; io parlo <u>loro</u>!
8) Ti piace ballare? - No, non <u>mi</u> piace per niente.
9) Hai telefonato ai tuoi genitori? - Sì, ho telefonato <u>loro</u> ieri.
10) Mi dai una penna? – Non, ma posso dar<u>ti</u> una matita.
11) Hai scritto alla signora Laura? - Sì, <u>le</u> ho mandato una cartolina.
12) A Paolo piacciono i liquori? - No, ma <u>gli</u> piacciono molto i dolci.
13) Signora, Le serve qualcosa? - Sì, <u>mi</u> serve una scheda telefonica.
14) Hai incontrato il professore? - Sì, ma non ho potuto parlar<u>gli</u>.
15) Ti dispiace fare questo per me? - No, non <u>mi</u> dispiace per niente.
16) Hai parlato ai tuoi genitori? - Sì, gli ho parlato ieri.
17) Hai parlato ai tuoi genitori? - Sì, ho parlato <u>loro</u> ieri.
18) Hai scritto a Maria? - Sì, <u>le</u> ho spedito una e-mail.
19) A Maria piacciono gli spaghetti? - Sì, <u>le</u> piacciono molto.
20) Ti piace Umberto? - No, non <u>mi</u> piace per niente.
21) Hai telefonato a Marcello? - Sì, <u>gli</u> ho telefonato ieri.
22) A Gianfranco piace il caffè? - Sì, ma <u>gli</u> piace solo il caffè nero.
23) Signor Rocco, Le serve qualcosa? - Sì, <u>mi</u> serve un lavoro nuovo!
24) Luisa <u>mi</u> ha scritto diverse volte, ma io non <u>le</u> ho ancora risposto.
25) Hai telefonato alla segretaria? Sì, <u>le</u> ho telefonato.
26) Quando hai risposto ai ragazzi? Ho risposto <u>loro</u> la settimana scorsa.
27) È una donna molto nervosa, non <u>le</u> posso dire nulla.

Page 89
a. Add the appropriate combined pronoun
1) Abbiamo già preso il caffè: <u>ce lo/l'</u>ha offerto Franca.
2) Questi libri sono tuoi o <u>te li</u> hanno prestati?
3) Ho scritto una lettera a Marco, ma non <u>gliel'</u>ho ancora spedita.
4) Finalmente abbiamo notizie di Luisa: <u>me le</u> ha date sua madre.
5) Questa penna non l'ho comprata: <u>me l'</u>ha regalata un amico.
6) Oggi pomeriggio devo tornare in ufficio: <u>me lo/l'</u>ha chiesto il direttore.
7) Bella questa foto, Gianni! Chi <u>te l'</u>ha scattata?
8) Siamo sicuri che verrà anche Carla: <u>ce lo/l'</u>ha promesso.
9) Hai mai fumato sigarette? Sì, <u>me le</u> ha fatte provare Giovanni.
10) Non chiedete mai alla mamma come sta; io <u>glielo</u> chiedo sempre.

b. Modify the sentences as in the example (two answers are possible in three cases)
Lisa prepara la cena a suo marito. <u>Lisa gliela prepara.</u>

1) Posso spiegare il problema a voi. <u>Ve lo posso spiegare/ Posso spiegarvelo.</u>
2) Non l' ho potuto dire a Maria. <u>Non gliel'ho potuto dire / Non ho potuto dirglielo.</u>
3) Il profesore ci ha spiegato i pronomi. <u>Il professore ce li ha spiegati.</u>
4) Pietro ti ha fatto vedere la sua nuova macchina? <u>Pietro te l'ha fatta vedere?</u>
5) Ho comprato un libro a mio figlio. <u>Gliel'ho comprato.</u>
6) Tony ha scritto una lettera alla ragazza. <u>Gliel'ha scritta.</u>
7) Permettono a Mario di farlo. <u>Glielo permettono.</u>
8) A voi sto dicendo la verità. <u>Ve la sto dicendo / Sto dicendovela.</u>

c. Add the appropriate combined pronoun
1) Carla ha raccontato a noi la sua vita. <u>Ce l'</u>ha raccontata.
2) Raccomando a voi di leggere questo libro. <u>Ve lo</u> raccomando.
3) Il direttore ha consegnato a lei il diploma. <u>Glielo/Gliel'</u>ha consegnato.
4) Voglio dire a lui quello che penso. Voglio dir<u>glielo.</u>
5) La nonna regala a te un orologio. La nonna <u>te lo</u> regala.
6) Ricordo a loro l'appuntamento. <u>Glielo</u> ricordo.
7) Laura scrive a noi la lettera. <u>Ce la</u> scrive.
8) Restituiremo a Lei i soldi domani. <u>Glieli</u> restituiremo.
9) Io ho offerto la cena a Sergio. <u>Gliela/Gliel'</u>ho offerta.
10) Tu hai preparato il pranzo a Gloria. <u>Glielo/Gliel'</u>hai preparato.
11) Voi avete raccontato una storia a me. <u>Me l'</u>avete raccontata.
12) Hai detto tutto a loro? <u>Glielo/Gliel'</u>hai detto?
13) Ho raccontato a loro molte storie. <u>Gliele</u> ho raccontate.
14) Non hai dato i soldi a Paola. Non <u>glieli</u> hai dati.
15) Hai mandato i fiori a tua madre? <u>Glieli</u> hai mandati?

Page 92
a. Add the appropriate pronouns
1) Ti piace il cappuccino? Si, io <u>lo</u> bevo tutti i giorni.
2) Ho scritto a Matteo e <u>gli</u> spedisco la lettera nel pomeriggio.
3) Quando mi restituisci il libro? <u>Te lo</u> restituisco al più presto.
4) Se questa sera esci con noi, <u>ti</u> offriamo la cena.
5) Professore, questa guida di Rimini è molto buona: <u>Gliela</u> consiglio.
6) Cosa regali alla mamma per Natale? <u>Le</u> regalo una collana.
7) Se ti interessa questo disco, <u>te lo</u> presto volentieri.
8) Hai visto i tuoi amici? – No, non <u>li</u> ho visti.
9) Sai parlare il greco? – No, ma <u>lo</u> capisco abbastanza.
10) Ti piace il vino? – Sì, <u>mi</u> piace molto!
11) Perché tua sorella non viene? – Perché <u>si</u> è stancata molto ieri.
12) Cameriere, mi porta un caffè per favore? – Sì signora, <u>Glielo</u> porto subito!
13) Hai telefonoato a Carlo? Sì, <u>gli</u> ho già telefonato.
14) Hai telefonato a Lisa? No, non <u>le</u> ho ancora telefonato.
15) Il cane non ha fame: <u>gli</u> ho dato da mangiare poco fa.
16) Signora, <u>Si</u> sente bene?
17) Il film che ho visto ieri sera non <u>mi</u> è piaciuto.
18) Che tipo di film <u>Le</u> piace di più, signor Neri?
19) Perché Silvia è andata da Carlo? Per chieder<u>gli</u> un consiglio.
20) Vi piace il mare? Sì, <u>ci</u> piace.
21) Come <u>Si</u> chiama, signorina?
22) Quando venite a Firenze, <u>mi</u> telefonate?
23) Scusi, dottore, quando <u>La</u> posso incontrare?
24) Dov'è Sandra? E' lì, non <u>la</u> vedi?
25) Carlo, <u>ti</u> aspetto domani a casa mia.
26) <u>Ci</u> dispiace proprio di essere arrivati in ritardo!
27) Tua madre <u>ti</u> stava cercando perché <u>ti</u> vuole parlare.

28) <u>Mi</u> sono dimenticato le chiavi!
29) Ieri <u>vi</u> ho chiamati, ma non avete risposto.
30) Fra quanto arrivi? Sono stanco di aspettar<u>ti</u>.
31) Io e Roberto di solito <u>ci/c'</u>incontriamo alle tre.
32) Mio padre <u>si</u> alza presto tutte le mattine.

b. Choose the appropriate pronouns in the following dialogue

- Lo sai che Antonio ha trovato un lavoro?
- Ah, finalmente! Chi <u>te l'</u>ha detto?
- <u>Me l'</u>ha detto sua moglie. L'ho incontrata stamattina sull'autobus e <u>mi</u> ha dato la notizia.
- Sono contento. L'ultima volta che <u>l'</u>ho visto stava proprio male, poveretto. <u>Mi</u> aveva chiesto anche dei soldi...
- E tu <u>glieli</u> hai dati?
- Certo. Era senza lavoro, con una moglie e un figlio da mantenere... Non potevo non prestar<u>glieli</u>.
- Da quanto tempo era disoccupato?
- Da un anno e mezzo. Prima lavorava per una ditta che produceva cosmetici: profumi, saponi, creme di bellezza, non <u>lo</u> sapevi?
- Sì, è vero, lui è laureato in chimica. Ma perché <u>l'</u>hanno mandato via?
- Aveva un contratto di un anno e siccome la ditta non andava molto bene, quando il contratto è scaduto non <u>gliel'</u>hanno rinnovato.
- Per fortuna adesso ha trovato questo nuovo lavoro. Che cosa <u>ti</u> ha detto sua moglie? È un buon posto?
- Sembra di sì. <u>L'</u>hanno assunto in una ditta di trasporti.
- Ditta di trasporti? Ma se non ha neanche la patente!

c. Correct the mistakes

Gianna mi ha raccontato di quella volta al mare che <u>le</u> è capitata una bella avventura. Dunque, era in acqua, sul materassino che prendeva il sole, quando un suo amico, Carlo, <u>l'ha</u> buttata in acqua. Lui era sempre stato un ragazzo un po' sciocco, e lei <u>si</u> è spaventata moltissimo. Insomma, per farla breve, lei non sapeva nuotare e <u>si</u> è messa a urlare; allora sono arrivati Paolo e Francesco che <u>l'hanno</u> salvata. Che paura!

d. Identify which personal pronoun is used, as shown in the example

Mi alzo alle 8.	reflexive
Mi dai un consiglio?	indirect object
Mi porti a casa?	direct object
Mi faccio la barba ogni mattina.	reflexive
Ti mando al supermercato.	direct object
Ti scrivo quando posso.	indirect object
Ti svegli sempre alle 7?	reflexive
Maria si diverte sempre in vacanza.	reflexive
Signorina, può portarlo in ufficio per favore?	direct object
Marta fa la spesa. La fa ogni giorno.	direct object
Conosci Giulio? Gli piace molto viaggiare.	indirect object
Glielo dici tu a Claudia?	combined
Come si chiama?	reflexive
Signora, La vedo molto bene.	direct object
Marco ci telefona domani.	indirect object
Lucia ci vuole portare al cinema.	direct object
Ci vediamo alle 6.	reflexive
Professore, ci insegna a guidare?	indirect object
Ce lo dice Antonio.	combined
Vi volete bene, ragazzi?	reflexive
Andiamo, vi porto a scuola.	direct object
Franco promette di scrivervi tutti i giorni.	indirect object
Gli spaghetti? Li mangio sempre!	direct object

Parli loro, per favore?	indirect object
Si divertono molto insieme.	reflexive
Quando vedi i ragazzi, gliela dici la verità?	combined

page 96
a. Complete with the verb in the **imperativo**
1) Giulia, apri la finestra, per favore.
2) Ragazzi, cercate di non tornare molto tardi!
3) Che confusione! Metti a posto le tue cose subito.
4) Non dobbiamo avere paura. Andiamo!
5) Ascolta, ma perché non chiedi aiuto a qualcuno?
6) Parlate più forte, non capisco niente.
7) Smetti di dare fastidio ai nostri vicini.
8) Accopagniamo Laura alla stazione.
9) Chiama Andrea per sapere a che ora arriva.
10) Guardi avanti avanti altrimenti cade!
11) State attenti quando attraversate la strada.
12) Fa' presto, dobbiamo uscire.
13) Offri qualcosa da bere agli ospiti!
14) Compriamo un nuovo televisore, ti prego!
15) Prepara la valigia perché domani partiamo.
16) Leggete questo libro; è bellissimo.

b. Change the infinitive into the appropriate **imperativo** (**Lei** – formal)
1) Signora, venga.
2) Signora, si accomodi, prego!
3) Signora, beva qualcosa.
4) Signora, prenda anche una caramella.
5) Signora, dica, desidera altro?
6) Signora, vada dritto fino al semaforo.
7) Signore, lasci stare il mio cane!
8) Signore, esca immediatamente!
9) Signore, mangi qualcos'altro!
10) Signorina, ci dia il Suo numero di telefono.

c. Change the **imperativo** as in the example
Dammi il libro!
1) Facci un piacere!
2) Stagli vicina!
3) Stacci lontano!
4) Dimmi la verità!
5) Dagli quel che vuole.
6) Dalle qualcosa da mangiare.
7) Fagli / Fa' loro capire la situazione.
8) Dacci un po' più di tempo.
9) Stalle vicino e aiutala!
10) Digli / Di' loro quale preferisci.

d. Make these sentences negative
1) Sergio, non andare a casa.
2) Signora Verdi, non stia qui.
3) Ragazzi, non andiamo al cinema!
4) Bambini, non fate colazione.
5) Maria, non ascoltare quello che dice.
6) Signorina, non parli ad alta voce.

7) Filippo, <u>non partire</u> adesso, per favore.
8) Amici miei, <u>non cercate</u> di capirlo.

e. Make these sentences affirmative
1) Signore, <u>si fermi</u> qui.
2) Signorina, <u>apra</u> la finestra.
3) Pietro, <u>usa</u> il computer.
4) Ti prego, <u>telefonami.</u>
5) Per piacere, <u>guardami.</u>
6) <u>Scrivi</u> a Roberto.
7) <u>Abbattete</u> quell'albero.
8) <u>Bevi</u> quell'acqua.

Page 100
a. Add the appropriate form of the **imperfetto**
1) Mentre Joanna <u>dormiva</u>, Marco <u>lavorava</u>.
2) Paola l'anno scorso <u>andava</u> a ballare tutte le sere.
3) Quando <u>eravamo</u> piccoli, <u>andavamo</u> spesso in Francia in vacanza.
4) Il telefono ha squillato mentre <u>scrivevo</u> una lettera.
5) Napoleone non <u>era</u> alto, ma <u>aveva</u> un carattere molto forte.
6) Da bambina <u>mangiavo</u> molta frutta.
7) Mia sorella <u>cantava</u> in un coro.
8) Una volta <u>eravamo</u> molto amici.
9) Da piccolo non <u>finivo</u> mai il cibo nel piatto.
10) Quando abitavo con i miei genitori, non <u>uscivo</u> mai la sera.
11) Lo studente che non <u>studiava</u> mai era pigro.
12) Mentre <u>camminavo</u> ho visto un incidente.
13) <u>Passeggiavo</u> da solo e ho incontrato Maria.
14) La matematica non mi <u>piaceva</u>.
15) Non <u>potevi</u> sapere dove <u>abitava</u>.

b. Choose between **imperfetto** and **passato prossimo**
1) Ieri ti <u>ho telefonato</u>, ma non <u>eri</u> a casa.
2) Ieri <u>sono andata</u> al matrimonio di Ornella e Piero; <u>c'erano</u> un'ottantina di invitati.
3) Al matrimonio <u>c'erano</u> Livio e Silvana perché <u>erano</u> i testimoni degli sposi.
4) <u>Siamo andati</u> a dormire perché <u>avevamo</u> sonno.
5) Io <u>sono nato</u> a Roma.
6) Benigni <u>ha vinto</u> il premio Oscar per il suo film "La vita è bella".
7) <u>Ho cominciato</u> a fumare quando <u>avevo</u> 16 anni.
8) <u>Ho vissuto</u> tutta la vita in questa città.
9) Silvio ha conosciuto Federico quando <u>era</u> ragazzo.
10) Hai letto quel libro quando <u>eri</u> studente?
11) La Juventus <u>ha vinto</u> molte volte il campionato di calcio italiano.
12) <u>Ho telefonato</u> a Paolo almeno venti volte.
13) Maria non <u>vedeva</u> Carlo da una settimana.
14) Poi, ieri, Maria <u>ha incontrato</u> Carlo per puro caso.
15) Non <u>sono mai stato</u> in Olanda.

c. Add the **imperfetto** or the **passato prossimo**
- L'anno scorso noi <u>siamo andati</u> in vacanza in Italia per due mesi. Ogni sera <u>cenavamo</u> fuori e <u>facevamo</u> delle lunghe passeggiate. Noi <u>abbiamo fatto</u> tante foto nelle piazze e <u>abbiamo visto</u> molti musei. È stata una bellissima vacanza, mi <u>sono divertito</u> molto, ma, mamma mia, quanti soldi <u>abbiamo speso</u> / <u>ho speso</u>!

- Quando abitavo a Roma, facevo sempre tardi la notte: quasi ogni sera cenavo alle 10 con gli amici. Io cucinavo e loro mi aiutavano a sistemare la tavola dopo aver mangiato.

Page 104
a. Change the **infinito** into the appropriate **futuro**
1) Carlo e Maria (fare) una gita. faranno
2) Noi (visitare) i laghi. visiteremo
3) Giulio (giocare) a tennis. giocherà
4) Voi (andare) a vedere la partita. andrete
5) Sara (studiare) in biblioteca. studierà
6) Nicola (dare) una festa. darà
7) Andrea (pulire) la sua camera. pulirà
8) I professori (interrogare) gli alunni. interrogheranno
9) Io (andare) a lavorare alle otto. andrò
10) Ahmed (tornare) in Marocco. tornerà

b. Change the **presente** into the appropriate **futuro**
1) Parto da sola perché mi diverto di più. partirò
2) Domani cucino tutto il giorno. cucinerò
3) La prossima settimana arriva Piera. arriverà
4) Domani sera torniamo tardi. torneremo
5) Dopodomani finisce la scuola. finirà
6) Il prossimo mese smettono di fumare. smetteranno
7) Venerdì sera prepari una cena a base di pesce. preparerai
8) Stasera faccio una bella macedonia. farò
9) L'anno prossimo vi comprate la macchina nuova. comprerete
10) I miei genitori arrivano tra un'ora. arriveranno

c. Change the **infinito** into the appropriate **futuro**
1) arrivare (I sing) → arriverò
2) fare (II plur) → farete
3) prendere (II sing) → prenderai
4) partire (III sing) → partirà
5) pagare (I plur) → pagheremo
6) dare (I sing) → darò
7) essere (I sing) → sarò
8) avere (II sing) → avrai
9) potere (III sing) → potrà
10) sapere (III sing) → saprà
11) dovere (I plur) → dovremo
12) vedere (III plur) → vedranno
13) volere (II sing) → vorrai
14) bere (I plur) → berremo
15) rimanere (I sing) → rimarrò
16) mancare (II plur) → mancherete
17) venire (I sing) → verrò

page 107
a. Add the appropriate form of the **presente** of the verb **piacere**
1) Mi piace il calcio.
2) A te piacciono gli animali.
3) Le piace divertirsi?
4) Ci piace il gelato.
5) A Luisa piacciono i gatti.

6) A Marco piace mangiare e dormire.
7) A noi piacciono gli sport invernali.
8) Vi piace andare in Italia in vacanza?

b. Translate the following sentences into Italian
1) I like fish, but fish doesn't like me. Mi piace il pesce, ma io al pesce non piaccio.
This charming, rather popular English way of saying that some food does not agree with us would be understood, but is not normally translated literally. One would opt for
...mi disturba lo stomaco that is to say *it upsets my stomach.*
2) Paolo likes you (plural) a lot. Voi piacete molto a Paolo.
3) They like me, but I don't like them. Io gli piaccio (io piaccio loro), ma loro non piacciono a me (ma loro non mi piacciono).
4) I like you. Do you like me? Mi piaci (a me piaci). Io ti piaccio? (Io piaccio a te?)

c. Write sentences using **piacere** in the **presente**
1) Paolo / fare shopping. → A Paolo piace fare shopping.
2) io / le patate. → A me (Mi) piacciono le patate.
3) voi / casa mia. → A voi (Vi) piace casa mia.
4) loro / l'Italia. → A loro (Gli) piace l'Italia.
5) lei / sempre le lasagne di sua mamma. → A lei (Le) piacciono sempre le lasagne di sua mamma.

d. Write sentences using **piacere** in the **passato prossimo**
1) tu / la pizza? → A te (ti) è piaciuta la pizza?
2) lui / le pesche. → A lui (gli) sono piaciute le pesche.
3) lo zio / il tour della città. → Allo zio è piaciuto il tour della città.
4) voi / il programma ieri sera? → A voi (vi) è piaciuto il programma ieri sera?
5) Lei / gli scampi. → A lei (Le) piacciono gli scampi.

e. Add **piacere** in the **passato prossimo**
1) Vi è piaciuto il viaggio?
2) A me è piaciuto volare con Alitalia.
3) Ti sono piaciute le belle chiese?
4) A voi è piaciuta la cucina italiana?
5) Maria, ti sono piaciute le foto?
6) Non mi è piaciuta la folla all'aeroporto!
7) Ci sono piaciute le ville romane.
8) Vi è piaciuta la campagna toscana?
9) A Giorgio è piaciuto cucinare le penne al salmone.
10) Ti è piaciuta la vacanza?

f. Translate the following sentences into Italian
1) We like spaghetti. → A noi (Ci) piacciono gli spaghetti.
2) Marco, do you like pop music? → Marco, a te (ti) piace la musica pop?
3) I didn't like that book. → A me non (Non mi) è piaciuto quell libro.
4) Massimo likes driving fast. → A Massimo piace guidare veloce.
5) He liked my presentation. → A lui (gli) è piaciuta la mia presentazione
6) Did you like my presentation? → A te (ti) è piaciuta la mia presentazione?
7) I think you will like this book. → Penso che questo libro ti piacerà.
8) We like watching television. → A noi (Ci) piace guardare la televisione.
9) They would like to meet you. → A loro (Gli) piacerebbe incontrarti.
10) Fred used to like walking and swimming. → A Fred piaceva camminare e nuotare.

g. Translate the following sentences into English
1) Ti piace quel quadro? → Do you like that picture?
2) A loro non piacevano le Alpi. → They didn't like the Alps.
3) Ti è piaciuta la loro idea? → Did you like their idea?
4) Il formaggio davvero non mi piace. → I really don't like cheese.
5) Sono sicura che ci piaceranno. → I am sure we will like them.
6) Non sono sicuro che ti piacerà. → I am not sure you will like him/her/it.
7) A Tony piacerebbe vedermi domani pomeriggio. → Tony would like to see me tomorrow afternoon.
8) Non so se le piacerà. → I don't know whether she will like it.
9) Signora, Le piacerà la Sua stanza. → You will like your room, Madam.
10) Non mi piace il gelato al limone → I don't like lemon ice cream.

h. Spot the mistake and correct it
1) Maria piace Parigi. → A Maria piace Parigi.
2) Loro piacevano ballare. A loro / Gli piaceva ballare.
3) Filippo non piace il calcio. → A Filippo non piace il calcio.
4) Noi non piace uscire la sera. → A noi non piace / Non ci piace uscire la sera.
5) Me piacciono le tue scarpe → A me piacciono / Mi piacciono le tue scarpe.
6) Mi piacevano leggere e studiare. → Mi piaceva leggere e studiare.
7) Mia nonna non piace gli spaghetti. → A mia nonna non piacciono gli spaghetti.
8) Mio zio piaceva i Beatles. → A mio zio piacevano i Beatles.

page 112
Translate the following sentences into Italian
1) Mario is more handsome than Davide. → Mario è più bello di Davide.
2) Smoking is as harmful as alcohol. → Il fumo è nocivo come l'alcol.
3) September is a shorter month than December. → Settembre è un mese più corto di Dicembre.
4) I would rather watch a film than read a book. → Preferisco guardare un film che leggere un libro.
5) He earns less than £1,000 a month. → Guadagna meno di 1.000 sterline al mese.
6) Josh speaks more than three languages. → Josh parla più di tre lingue.
7) You are less patient but more competent than Phil. → Sei meno paziente ma più competente di Phil.
8) The hotel in the park was as expensive as the one on the beach. → L'albergo nel parco era costoso come quello sulla spiaggia.
9) He is rather deaf. Please speak as loud as possible. → È piuttosto sordo. Parla il più forte possibile.
10) Peter is more interested in sun-bathing than swimming. → Peter è più interessato ad abbronzarsi che a nuotare.

page 113
Use the words to make up sentences with the relative superlative form as in the example:
(città/importante/Italia)
Milano, Roma, Napoli _____
Milano, Roma, Napoli, sono le città più importanti d'Italia

1) attore/famoso/mondo
Robert de Niro e Al Pacino sono gli attori più famosi del mondo.
2) stato/grande/Asia
La Russia e la Cina sono i più grandi stati dell'Asia.
3) monumento/famoso/Roma
Il Colosseo e San Pietro sono i monumenti più famosi di Roma.
4) persona/ricca/Italia
Berlusconi e Agnelli sono le persone più ricche d'Italia.

5) città/grande/Nord-Italia
Milano e Torino sono le città più grandi del Nord-Italia.
6) cantante/conosciuto/Italia
Luciano Pavarotti e Eros Ramazzotti sono i cantanti più conosciuti d'Italia.

page 115
Spot the mistake and correct it. (In one sentence there are two possible answers).
1) Questa minestra è buonissimo. → Questa minestra è buonissima.
2) È tardissima. Devo andare a casa. → È tardissimo. Devo andare a casa.
3) Siamo felicissimo di conoscervi. → Siamo felicissimi / felicissime di conoscervi.
4) Mio cugino è giovanissima. → Mio cugino è giovanissimo.
5) Questo libro è interessantissimi. → Questo libro è interessantissimo.

Made in the USA
Monee, IL
09 July 2020